内蒙古高校大学生就业心理与行为研究

李雨薇　王海军 ◎ 著

中国纺织出版社有限公司

内 容 提 要

　　大学生的就业压力不仅影响个体的心理健康和社会适应能力，也影响社会的发展和稳定。本书聚焦于内蒙古高校大学生的就业心理与就业中遇到的问题，分析了大学生就业观的演变、大学生就业心理及影响因素，结合内蒙古自治区的情况，根据调查数据探讨了内蒙古地区大学生就业状况，并研究了内蒙古地区大学生就业心理及特点，提出了缓解大学生就业压力的对策。本书适合高校就业相关工作人员及关注内蒙古地区大学生就业问题的读者阅读。

图书在版编目（CIP）数据

内蒙古高校大学生就业心理与行为研究 / 李雨薇，王海军著. -- 北京：中国纺织出版社有限公司，2025.
1. -- ISBN 978-7-5229-2488-5

Ⅰ. G647.38

中国国家版本馆CIP数据核字第2025HL0091号

责任编辑：于　泽　　责任校对：王蕙莹　　责任印制：储志伟

中国纺织出版社有限公司出版发行
地址：北京市朝阳区百子湾东里A407号楼　邮政编码：100124
销售电话：010—67004422　传真：010—87155801
http://www.c-textilep.com
中国纺织出版社天猫旗舰店
官方微博 http://weibo.com/2119887771
河北延风印务有限公司印刷　各地新华书店经销
2025年1月第1版第1次印刷
开本：710×1000　1/16　印张：8.5
字数：120千字　定价：99.90元

凡购本书，如有缺页、倒页、脱页，由本社图书营销中心调换

前言

随着社会经济的快速发展与高等教育普及程度的不断提高,大学生作为国家的未来和希望,其就业问题日益成为社会关注的焦点。内蒙古自治区作为中国北部边疆的重要省份,不仅拥有独特的地理位置和丰富的自然资源,还承载着促进民族团结、维护边疆稳定、推动区域经济发展的重任。在这一背景下,对内蒙古自治区大学生就业心理与行为的研究显得尤为重要且紧迫。

近年来,尽管国家和地方政府出台了一系列促进大学生就业的政策,但面对日益激烈的就业竞争、快速变化的市场需求及多元化的职业选择,大学生在就业过程中往往会面临诸多挑战与困惑。这些挑战不仅体现在专业技能与岗位需求的匹配度上,更深刻地反映在就业心理的调整与适应上。如何有效缓解大学生的就业焦虑,提升他们的职业规划能力,引导他们形成积极健康的就业心态,已成为需要高校、政府及社会各界共同面对的重要课题。

基于此,本书以内蒙古自治区大学生为研究对象,深入探索其就业心理与行为的现状、特点及影响因素。本书通过问卷调查、深度访谈、案例分析等方法,全面了解大学生在就业过程中的心理状态变化、职业认知、决策过程及实际行为表现。同时,结合内蒙古自治区的地域特色、经济发展状况及文化背景,分析这些因素如何作用于大学生的就业心理与行为,进而提出针对性的对策与建议。

本书的意义在于:一方面,为高校就业指导工作提供科学依据,帮助教育者更加精准地把握学生的就业需求与心理动态,优化就业指导服务体系;另一方面，为政府制定更加符合区域实际的就业政策提供参考，促进内蒙古自治区大学生实现高质量就业，为区域经济社会发展贡献青春力量。同时，本书也有助于增强社会各界对大学生就业问题的理解与支持，共同营造一个更加有利于青年成长的就业环境。

  总之，研究内蒙古自治区大学生就业心理与行为是一项具有重要现实意义和深远影响的工作。期待本书能够为大学生顺利走向社会、实现人生价值提供有力支持，也为推动内蒙古自治区乃至全国的大学生就业工作贡献绵薄之力。

李雨薇　王海军

2024 年 3 月

| 目录 |

第一章　绪论 ·· 1

　　第一节　研究背景与意义 ·· 1
　　第二节　研究目的与内容 ·· 4
　　第三节　研究方法与数据来源 ·· 6
　　第四节　概念界定 ·· 7

第二章　大学生就业观的演变 ·· 19

　　第一节　大学生就业观的发展历史 ································· 19
　　第二节　大学生就业观演变的特征 ································· 27

第三章　大学生就业心理及影响 ······································· 37

　　第一节　当代大学生就业心理 ······································· 37
　　第二节　大学生就业心理对社会发展的影响 ····················· 41
　　第三节　大学生就业心理对家庭稳定的影响 ····················· 46
　　第四节　大学生就业心理对个人经济能力的影响 ··············· 52

第四章　内蒙古大学生就业心理压力的特点 ······················· 55

　　第一节　大学生就业心理压力的概念 ······························ 55

第二节　内蒙古大学生就业心理压力的表现和原因分析 …… 65

第五章　内蒙古大学生就业状况调查研究 …… 81

第一节　内蒙古自治区高校大学生就业行为 …… 81
第二节　调查问卷设计 …… 83
第三节　问卷调查结果分析 …… 84

第六章　缓解内蒙古大学生就业心理压力的对策 …… 101

第一节　大学生就业心理压力缓解策略 …… 101
第二节　积极暗示法在心理调适中的作用 …… 107
第三节　开展大学生职业生涯规划教育 …… 113
第四节　开展"双创"教育 …… 117
第五节　加强毕业生就业技能培训 …… 118
第六节　重视家庭教育 …… 119

参考文献 …… 121

附录　内蒙古地区大学生就业政策研究调查问卷 …… 127

第一章 绪论

随着社会经济文化的快速发展,高校招生规模持续扩大,本科教育逐渐普及。然而,大学生在毕业时面临的就业压力也日益加剧。大学生的就业压力不仅关系个体的心理健康和社会适应能力,更对社会稳定和经济持续发展产生深远影响。因此,围绕这一社会热点问题,对大学生就业压力的研究受到了广大学者的关注,成为心理学研究的重要领域。然而,现有研究在概念定义、测量手段和影响因素等方面存在诸多问题。本书在明确概念、深入研究影响因素及关注个性化干预措施等方面提出了新的观点,能够为缓解大学生的就业压力、促进个体和社会的健康发展贡献力量。

第一节 研究背景与意义

一、研究背景

在全球化浪潮和知识经济的冲击下,社会对大学生群体的期望与要求呈现不断攀升的趋势。这种期望不仅源于对个体能力的全面期待,更来自大学生自身对成功的热切渴望和不懈追求。这种双重期望与要求给大学生的就业心理带来了前所未有的压力与挑战,使其就业心理状况变得异常复杂,亟须深入研究和关注。

大学生的心理健康状况与其未来的职业发展和社会适应能力密切相关。健康的心理状态对于大学生应对就业过程中的各种挑战至关重要，它不仅能够增强大学生的心理韧性，还能够提升他们的职业适应性和创新能力。因此，对大学生的就业心理进行深入研究，不仅有助于提高他们的心理健康水平，更能促进其职业发展，进而为社会稳定和发展贡献力量。

在全球化和知识经济的背景下，大学生的就业心理受到多重因素的影响。

第一，全球化浪潮带来了国际竞争的加剧和就业市场的多变，使大学生在就业过程中需要面对更加复杂多变的环境和挑战。这种环境变化不仅要求大学生具备更加全面的能力，还要求他们具备较高的心理承受能力和抗压能力。

第二，知识经济时代的到来对大学生的知识和技能结构提出了更高的要求。在知识密集型产业和服务业逐渐成为就业主要方向的背景下，大学生需要不断更新和提升自己的知识和技能水平，以适应快速变化的工作环境。这种更新知识和技能的需求也给大学生的就业心理带来了一定的压力和挑战。

第三，大学生自身的期望和追求也是影响其就业心理的重要因素。他们渴望在就业过程中实现自我价值、获得社会认可，并在职业发展中取得一定的成就。然而，这种期望和追求往往与现实之间存在一定的差距，导致大学生在就业过程中产生焦虑、失落等负面情绪。

第四，在就业过程中，大学生还承载着家庭的期望和承担着社会责任。家庭是个体成长的重要支持力量，家长对大学生的就业期望往往较高，他们希望子女能够在就业市场上获得一份稳定的工作和可观的收入，以维持家庭的生活水平和满足个体未来发展需要。同时，社会也赋予了大学生一定的使命和责任，期望他们能够在各自的领域做出积极的贡献，推动社会的进步和发展。这种双重期望使大学生的就业心理变得更加复杂，需要他们具备较高的心理调适能力和应对能力。举例来讲，2022年4月27日，智联招聘发布了《2022大学生就业力调研报告》，调研时间为2022年3月中旬至4月中旬，从就业去向、就业期待、求职心态与行为、求职进展等维度，反映不同学历、专业、毕业院校学子的就业现状。调研显示，2022届高校毕业生中，50.4%选择单位就业，比去年下降6个百分点。而自由职业（18.6%）、慢就业（15.9%）的比例均较去年提高3个百分点。这是继2021年之后，第二年呈现单位就业比例下降，自由职业、慢就业比例上升的特征。此外，"考研热"趋势下，选择在国内继续学习的毕业生比例占近一成，出国继续学习的比例为1.3%，比去年略低。应届生选择去向时考虑的因素中，就业压力占比最高，为47.6%，其次为所学专业（36.1%）和经济形势（35.6%），院校背景、长辈意见、理想爱好等因素影响程度较低。在就业过程中，感受到求职竞争非常激烈的应届生比例为61%，比去年高6个百分点。2022年，硕士研究生选择"国内继续学习"的占比11%，显著高于2021年的4.3%。

由上述数据所示，横向对比2021年与2022年大学生就业去向和就业选择，不难发现在当前大学生的就业观中选择"慢就业"方式缓解自身就业压力的比例越来越大。

"慢就业"是指大学生毕业后既不打算马上就业，也不打算继续深造，而暂时选择游学支教、在家陪父母、创业考察或者休息放松，慢慢考虑人生道路的一种选择。对于大学生"慢就业"现象，可谓褒贬不一。有人认为毕业不就业，是人才资源的浪费，是不回报家人、社会、国家的"享乐主义"；有人则认为这是大学生理性就业的表现，是一种新的择业观，是一种多元化的选择，无须被"道德绑架"。然而消极的"慢就业"，随着时间的推移在实际上会逐渐演变成"懒就业"，大学生最终选择了某一工作但心中不满意，或"高不成、低不就"，或干脆放弃寻找，最终出现心态失衡，有的即便走上工作岗位，也因为不适应职场，与同事、上司出现矛盾。

由此可见，在全球化和知识经济的背景下，大学生的就业心理状况面临着前所未有的压力和挑战。通过深入研究和关注大学生的就业心理状况，可以为提升他们的心理健康水平、促进其职业发展和社会稳定提供有益的参考和支持。这不仅有助于推动个体的成长和发展，更有助于促进社会的稳定和发展。

二、研究意义

为了深入了解大学生的就业心理状况，对就业心理与职业发展和社会适应能力之间的关系进行深入分析则显得意义显著。一方面，健康的就业心理能够促进大学生的职业发展。具备积极心态和自信心的大学生在面对职业挑战时更加从容和坚定，能够迅速适应工作环境、发挥个人潜能并取得良好的职业表现。同时，他们还能够积极面对困难和挫折，从中汲取经验和教训，不断提升自己的职业能力和竞争力。另一方面，大学生的社会适应能力也与其就业心理密切相关。在全球化和知识经济的背景下，社会适应能力成为个体在职场取得成功的重要因素之一。具备良好的社会适应能力的大学生能够更好地融入社会、与他人合作，有效应对各种社会问题和挑战。这种社会适应能力的提升不仅有助于大学生在就业市场上获得更好的机会和发展空间，还能够促进大学生为社会创造更多的价值。

因此，深入研究大学生的就业心理状况具有重要的现实意义和学术价值。通过对大学生的就业心理进行深入剖析和研究，可以为提升他们的心理健康水平、促进其职业发展和社会稳定提供有益参考。同时，这也有助于推动社会合理调整和优化对大学生期望与要求，为大学生的成长和发展创造更加良好的环境和条件。

第二节　研究目的与内容

本书致力于深入探索内蒙古大学生的就业心理状况，以揭示其背后的多种影响因素。通过系统的数据收集与分析，我们力求对内蒙古大学生的就业心理困扰进行全面而准确的描述，并深入剖析其发生机制以及对就业选择和职业发展的潜在影响。在此基础上，本书关注如何通过科学有效的干预措施改善大学生的就业心理状态，旨在为他们提供有针对性的心理支持和就业实践指导。

就业过程对于大学生而言是一个充满挑战与机遇的阶段。在这一过程中，大学生可能会面临多种心理困扰，如就业焦虑、职业迷茫及自我认知不足等。这些困扰不仅可能影响他们的心理健康，还可能对他们的就业选择和职业发展产生深远的影响。对这些问题进行深入研究，不仅有助于增进教育者对大学生就业心理问题的理解，还能为相关领域的实践工作提供理论支撑和实践指导。

在数据收集与分析方面，我们采用多种研究方法，包括问卷调查、访谈和文献综述等，以获取全面而准确的数据。通过数据分析，我们能深入了解大学生的就业心理困扰的具体表现、发生机制以及它们与就业选择和职业发展之间的关联。我们还关注不同背景、专业和性别的大学生在就业心理方面可能存在的差异，以更全面地揭示这一现象。

本书针对大学生的就业心理困扰，探索多种有效的干预措施。这些措施可能涉及心理咨询、就业指导及政策支持等多个层面。在心理咨询方面，可结合大学生的实际需求，提供个性化的心理咨询服务，帮助他们缓解就业焦虑、增强自我认知，以更好地应对就业挑战。在就业指导方面，可通过举办讲座、工作坊等形式，为大学生提供实用的就业指导，帮助他们明确职业方向、提升求职技能。同时关注政策支持在改善大学生就业心理状态方面的作用，提出具有针对性的政策建议，为政府制定相关政策提供参考。

本书还关注干预措施的有效性和可行性，以确保所提出的策略能够在实践中得到广泛应用。我们将结合国内外相关研究和实践经验，对干预措施进行系统的评估和优化，以提高其针对性和实效性。我们还将持续关注大学生的就业心理状况及变化，及时调整和完善干预措施，以满足大学生的实际需求。

通过深入探索和实践，本书期望能够为大学生就业指导、心理咨询和社会政策制定提供有力的科学依据。这将有助于推动大学生就业工作的健康发展，促进大学生顺利就业和职业发展。同时也能为相关领域的研究者和实践者提供有益的参考和借鉴，推动大学生就业心理的研究和实践。

第三节　研究方法与数据来源

本书旨在全面、深入地探讨大学生的就业心理状况，综合运用定性与定量的研究方法揭示其内在特点和规律。具体而言，我们采用问卷调查的方式，广泛收集大学生的就业心理数据，确保样本的广泛性和代表性。为了获取更为详细和生动的信息，我们选取典型案例进行深入访谈，以探究大学生就业心理的具体表现和影响因素。

在数据收集方面，我们与内蒙古部分高校就业指导中心、心理咨询中心以及社会调查机构等权威渠道建立紧密的合作关系。这些机构在大学生就业心理领域拥有丰富的研究经验和数据资源，通过与他们的合作与共享，我们能够获取更为准确和可靠的数据支持。我们还重视文献综述的重要性，通过对已有研究的梳理和评价，全面了解大学生就业心理的研究现状和发展趋势，为后续的实证研究提供理论支撑。

在数据分析方面，我们运用恰当的统计方法，对收集到的数据进行科学、客观的处理和分析。通过对数据的深入挖掘和分析，揭示大学生就业心理的内在特点和规律，为大学生就业指导、心理咨询和社会政策制定提供更为科学、有效的建议。这些建议基于实证数据和理论分析，旨在促进大学生的健康发展、家庭的稳定和社会的繁荣。

在具体的研究过程中，我们遵循科学、严谨的原则，确保研究的可靠性和有效性。我们注重样本的代表性和数据的准确性，避免数据偏差产生的误导。在就业心理研究领域，每个大学生都是一个独特的个体，他们的就业心理受到多种因素的影响，包括个人特质、家庭背景、社会环境等。我们以尊重和理解的态度对待每一个研究对象，充分考虑不同因素对大学生就业心理的影响，如性别、专业、学历、家庭背景等，以全面揭示其内在特点和规律。

我们还注重研究的创新性和实用性，不断探索新的研究方法和模型，以提高研究的科学性和准确性。

对于研究结果的解读和应用，我们以严谨、客观的态度对待，避免主观臆断和片面解读。我们将积极与相关部门和机构合作，将研究成果转化为实际应用，为大学生就业指导、心理咨询和社会政策制定提供有针对性的建议和支持。

在后续的研究过程中，我们将继续关注大学生的就业心理状况，不断探索新的研究方法和模型，以提高研究的深度和广度。我们将积极与国内外同行进行交流和合作，共同推动大学生就业心理研究的发展。

希望本书为大学生就业指导、心理咨询和社会政策制定提供更为全面、深入的建议，帮助大学生更好地应对就业挑战，实现自我价值和社会价值的双重提升，为大学生就业心理领域的发展做出积极的贡献。

第四节　概念界定

一、就业观

就业观是指个体在面对就业时所持的观点和心态。它是个体在职业选择、就业期望、求职态度等方面的心理倾向，受到个人经历、家庭背景、学校教育、社会环境等多种因素的影响。

就业观的形成是一个复杂的过程，就业观通常在学校教育阶段开始形成，并随着个体的成长和经验的积累而不断调整和变化。正确的就业观对于个体的职业发展和就业质量具有重要影响。

当前，大学生就业观的核心内容可以概括为"一降、二升、三适应"。"一降"是指降低就业期望值，即调整自己的就业理想和价值取向，拓宽就业范围，树立大众化就业观，从低薪就业开始，先积累经验。"二升"是指提升自身素质，包括提升就职能力和求职技巧，以适应用人单位的需求。"三适应"是指适应严峻的就业形势，即面对日益严峻的就业形势，大学生要有积极的心态和正确的职业观念，不断调整自己的职业规划和发展目标，以适应不断变化的市场需求。

就业观还受到劳动力资源、经济因素、社会保障等多种因素的影响。劳动力资源的数量和质量、经济增长速度、经济结构、社会保障体系等都会对个体的就业观产生影响。因此，个体在形成就业观时需要综合多种因素，包括自身的兴趣和能力、市场需求和行业前景、个人价值观和人生目标等。

在现代社会，就业观的变化也反映了社会进步和个体需求的变化。大学生应更加理性地看待就业问题，注重自身的职业发展和成长，而不是仅追求高薪和稳定的工作。同时，个体也越来越注重工作与生活的平衡，追求更加多元化和个性化的职业发展道路。

因此，正确的就业观对于个体的职业发展和就业质量的提升至关重要。它需要个体在了解自身兴趣和能力的基础上，研究市场需求和行业前景，考虑个人价值观和人生目标，同时适应劳动力市场和经济发展的变化，不断提升自身素质和求职技巧，以实现个人的职业发展和成长。

二、大学生就业观念

大学生就业观是大学生对就业相关问题的总看法、总态度、总目标，包括就业定位、动机、目标、选择、方式等多个方面，对就业行为具有导向和动力作用。大学生就业观是大学生选择职业的理想意图与思想动机，也是其采取就业行动的理想力量与意志根源，是决定大学生就业质量的关键影响因素。

（一）专业与职业选择

当代大学生的就业观念中，专业与职业选择是一个核心问题。许多学生在高考填报志愿时，就已经开始考虑未来的职业方向。他们倾向于选择那些与自身兴趣、特长以及未来职业前景相匹配的专业。然而，随着社会的快速发展和职业的多元化，不少学生也开始认识到专业不对口的现象普遍存在，因此在职业选择时更加注重个人能力的培养和跨领域的发展。

（二）实践能力与经验

大学生在就业时，越来越重视提升实践能力和积累工作经验。许多企业在招聘时，更加青睐那些有实习经历、项目经验或社会实践经验的学生。因此，大学生在校期间，除学习专业知识外，还积极参与各类实践活动，如实习、社会调查、志愿服务等，以提升自己的实践能力和积累经验。

（三）薪酬与福利待遇

薪酬与福利待遇是大学生在选择工作时的重要考虑因素之一。他们通常会根据自己的专业、能力以及对行业的了解，来评估合理的薪酬水平。同时，他们也会关注企业的福利待遇，如"五险一金"、年假、培训机会等，以确保获得自己的权益和未来的职业发展。

（四）工作稳定性与前景

工作稳定性和发展前景是大学生在选择工作时关注的重点。他们更倾向于选择那些有发展潜力和稳定前景的企业和行业。同时，他们也会考虑自己的职业规划和发展路径，选择那些能够提供晋升机会和职业发展空间的岗位。

（五）自我实现与成长

当代大学生在就业时，不仅看重物质待遇和工作稳定性，更加注重自我实现和成长。他们希望在工作中能够发挥自己的才能和潜力，实现个人价值。同时，他们也希望能够通过工作学习新的知识和技能，实现个人成长。

（六）社会责任感

当代大学生具有强烈的社会责任感。在选择工作时，他们不仅会考虑个人的发展和待遇，也会考虑企业的社会形象和公益行为。他们更倾向于选择那些具有社会责任感、积极参与社会公益事业的企业。

（七）地域与行业偏好

在就业时，大学生往往对地域和行业有一定的偏好。地域方面，他们倾向于选择自己熟悉或向往的城市或地区，例如一线城市、沿海城市或具有特殊文化魅力的地区。行业方面，他们会根据自己的兴趣和专长，选择热门或具有发展潜力的行业，如互联网、金融、教育等行业。

（八）求职方式与途径

随着信息技术的发展，大学生的求职方式也越来越多样化。除了传统的招聘会、求职网站等途径，他们还会通过社交媒体、线上直播、职业导师推荐等方式寻找工作机会。这些新兴的求职方式不仅提高了求职效率，也为大学生提供了更多展示自我和了解企业的机会。

总的来说，当代大学生的就业观念呈现多元化、理性化和个性化的特点。他们既注重个人的发展和待遇，也关注社会的需要和责任；既看重工作的稳定性和前景，也追求自我实现和成长。这些观念的变化，既反映了社会进步和个体需求的变化，也为大学生的就业和职业发展提供了更广阔的空间和机会。

三、就业心理

就业心理是人们在就业的过程中，对职业以及对社会客观现实的认知形成的一种有关于职业特征及自身对职业的好感度的意识反应。

（一）就业价值观

就业价值观是指个体对于工作及其所带来的价值所持有的信念和评判标准。它涵盖了工作内容、工作环境、薪资待遇、社会地位等多个方面。每个人的就业价值观都是独特的，它受到个人经历、家庭背景、教育背景和社会文化等多方面的影响。明确自己的就业价值观有助于个体在求职过程中做出更加明智的选择。

（二）就业兴趣与需要

就业兴趣指的是个体对某一职业或工作内容的偏好程度，而就业需要则是个体为了满足自身生存和发展所必需的工作条件和环境。兴趣和需要是职业选择的重要驱动力，它们影响着个体在工作中的投入程度、满足感和职业发展动力。

（三）就业信念与理想

就业信念是指个体对于职业发展的信仰和追求，它是对自身能力、潜力和未来发展的积极预期。而就业理想则是个体对于未来职业生活的美好愿景和期望。健康的就业信念和理想有助于个体保持积极向上的心态，面对就业挑战时保持坚定的信心。

（四）就业气质与性格

气质和性格是个体在就业过程中表现出的心理特征。不同的气质类型和性格特点会对个体的职业选择、工作态度和职业发展产生不同的影响。了解自己的气质和性格特点，有助于个体找到适合自己的工作类型和工作环境。

（五）就业能力评估

就业能力评估是对个体在职业发展中所需具备的能力进行的综合评价。这包括专业能力、沟通能力、团队协作能力、创新能力等多个方面。通过就业能力评估，个体可以了解自己的优势和不足，从而有针对性地提升自己的职业能力。

（六）就业焦虑与调适

就业焦虑是指个体在面临就业选择和职业发展时所感受到的紧张、不安和担忧。适度的焦虑可以激发个体的动力，但过度的焦虑则可能影响个体的求职状态和决策能力。因此，学会调适自己的就业焦虑，保持积极的心态和冷静的头脑，是个体在就业过程中必备的素质。

（七）就业期望与现实

就业期望是个体对于未来职业生活的美好愿景和期望，而现实则是个体面对的实际工作环境和工作条件。在就业过程中，个体需要理性地看待自己的期望与现实之间的差距，并根据实际情况做出适当调整。过高的期望可能导致个体在求职过程中遭受挫折，而过低的期望则可能使个体失去前进的动力。

（八）就业社会支持感知

就业社会支持感知是指个体在求职和职业发展过程中感受到的来自家庭、学校、社会等各方面的支持和帮助。这种支持可以给予个体信心和动力，帮助他们在面对就业挑战时更加从容和坚定。因此，积极寻求和利用各种社会支持资源，对于个体在就业过程中取得良好的心理状态和职业发展至关重要。

四、大学生就业心理

大学生就业心理就是指大学生在即将迈入人生一个新的阶段时需要考虑有关就业要求和职业选择等事项的情感状态，而这种情感源于大学生的自我认知、职业认知、社会认知等。在当前社会背景下，分析大学生就业心理现状的重要性和紧迫性愈发凸显。随着大学生涯的结束，大学生面临着从学生身份到职业人士的转变。在这个过程中，他们的心理状态经历了复杂的变化，包括焦虑与不安、自信与自卑、依赖与自主、急躁与冷静、从众与个性、竞争与合作、期待与现实以及职业规划与迷茫等方面。

（1）焦虑与不安。即将踏入社会的大学生常常会对未来产生焦虑与不安。他们可能担心自己找不到理想的工作，担心自己的职业选择是否正确，以及担心自己能否胜任未来的工作。焦虑与不安是普遍存在的，关键是要学会正确地面对和调节这种心态。

（2）自信与自卑。在求职过程中，大学生可能会因为自己的专业能力、实践经验或其他方面的优势而感到自信，也可能因为某些不足或与他人比较而感到自卑。建立合理的自我评价和积极的心态对于克服自卑、增强自信至关重要。

（3）依赖与自主。在大学期间，大学生习惯了依赖学校和家庭的支持。然而，在就业过程中，他们需要学会更加自主地面对问题、解决问题。这种从依赖到自主的转变对于他们的成长和职业发展具有重要意义。

（4）急躁与冷静。面对就业的压力和挑战，大学生可能会感到急躁和焦虑。然而，冷静地分析和解决问题，以及有计划地推进自己的职业发展计划，是应对压力和挑战更加有效的方式。学会保持冷静、避免盲目急躁是他们在就业过程中需要掌握的重要心理素质。

（5）从众与个性。在求职过程中，大学生可能会面临从众与个性的冲突。一方面，他们可能因为社会的期望和家人的建议而从众，选择热门行业或稳定的工作；另一方面，他们也可能想要追求自己的兴趣和个性发展，选择自己真正喜欢的职业。平衡从众与个性的关系，是他们在就业过程中需要面对的挑战。

（6）竞争与合作。在现代社会，竞争与合作并存。大学生需要学会在竞争中保持自己的优势，也要学会与他人合作，共同完成任务。这种竞争与合作的意识有助于他们在职场中取得成功。

（7）期待与现实。大学生对于自己的职业发展往往有着美好的期待。然而，现实往往与期待存在一定的差距。他们需要学会理性地看待这种差距，调整自己的期待，也要不断努力，争取实现自己的职业目标。

（8）职业规划与迷茫。面对未来的职业道路，大学生可能会感到迷茫和困惑。制定明确的职业规划，了解自己的兴趣、能力和优势，以及明确职业发展的目标，将有助于他们走出迷茫，取得职业生涯的成功。

总之，大学生就业心理是一个复杂而多面的问题。他们需要在就业过程中学会面对和处理各种心理挑战，保持积极的心态和合理的自我评价，不断努力提升自己的职业能力和素养，为未来的职业生涯发展奠定坚实的基础。

五、就业行为

就业行为是指个体在寻求、选择、获得和保持就业过程中的行为表现。它包括一系列与就业相关的活动，如自我评估、职业探索、简历撰写、面试、谈判工资福利、适应新的工作环境等。就业行为不仅受到个体的心理、态度和价值观的影响，还受到社会环境、文化背景、家庭和教育等因素的影响。

（一）目的与动力源

就业行为的根本目的是满足个人的生存需求与发展需求。个人的就业动力源分为内在与外在两个方面。内在动力源包括个人的兴趣、价值观和职业追求，外在动力源包括家庭期望、社会压力以及经济因素等。这些动力源共同影响着个人的就业选择和行为。

（二）专业与爱好

在就业行为中，个人的专业背景和爱好起着重要作用。专业背景决定了个人的知识结构和技能水平，是就业决策的重要依据。同时，爱好则影响着个人对工作的态度和热情。当专业与爱好相结合时，个人的就业行为将更具积极性和创造性。

（三）职业道德与能力

职业道德是就业行为中不可或缺的一部分。它要求从业人员遵守行业规范，保持诚信，尽职尽责。而能力则是个人就业行为的基础，包括专业技能、沟通协作、问题解决等多方面的能力。职业道德与能力的结合构成了个人就业过程中的核心竞争力。

（四）劳动力交易与选择

就业行为本质上是一种劳动力交易。在这个过程中，劳动者与用人单位通过市场机制进行双向选择。劳动者根据自己的能力和需求选择合适的岗位，而用人单位则根据生产需要和岗位要求选择合适的劳动者。这种劳动力交易的选择性和双向性是就业行为的重要特征。

（五）需求、供给与生产力

就业行为受到市场需求、劳动力供给和生产力的共同影响。市场需求的变化直接影响着就业岗位的数量和就业结构的调整。劳动力供给则受到人口结构、教育水平、技能培训等因素的影响。生产力的提高要求劳动者不断提升自己的技能水平和综合素质，以适应市场发展的需求。

（六）薪资水平与职业发展

薪资和职业发展是就业行为中重要的考量因素。合理的薪资水平可以保障劳动者的基本生活需求，而良好的职业发展前景则能激发劳动者的积极性和创造力。因此，在就业过程中，劳动者会根据自身的职业规划和发展需求，选择具有发展潜力的行业和岗位。

（七）自由选择

就业行为中的自由选择是指劳动者在就业市场上具有自主选择的权利和能力。这种自由选择不仅体现在对岗位的选择上，还体现在对工作地点、工作环境、工作内容等方面的选择上。合理的自由选择有助于劳动者找到适合自己的工作，实现个人价值。

（八）有效就业

有效就业是指劳动者的就业行为能够实现个人和社会的双重价值。这要求劳动者的就业行为不仅要符合自身的职业规划和发展需求，还要符合社会的经济发展需求。对于个人而言，有效就业能够实现自我价值和社会价值的统一；对于社会而言，有效就业能够促进经济的发展和社会的稳定。因此，指导和规划就业行为具有重要意义。

综上所述，就业行为是一个涉及多个方面的复杂过程。通过深入理解和分析就业行为的目的与动力源、专业与爱好、职业道德与能力、劳动力交易与选择、需求、供给与生产力、薪资水平与职业发展、自由选择及有效就业等方面，我们可以更好地理解和指导个人的就业行为，实现个人和社会的共同发展。

六、大学生就业行为

大学生就业行为是指大学生在寻找和选择就业机会、签订劳动合同、开始工作等一系列过程中所表现出来的行为和态度。这些行为受多种因素的影响，包括个人兴趣、能力、价值观等主观因素，以及社会、经济、政治等外部因素。大学生就业行为特点与趋势如下：

（一）时效性与群体性

时效性。由于全国大学生毕业的时间并非完全一致，具体日期因学校而异，因此就业市场会在特定时间段内出现大量求职者。这段时间内，大学生的就业行为会表现得尤为活跃。

群体性。大学生作为一个特定群体，他们的就业需求和特点也具有一定的共性，如普遍关注行业发展前景、薪酬待遇和工作地点等。

（二）就业选择多样化

就业地区的多样化。随着中西部地区快速发展，毕业生看到中西部地区发展的前景更加愿意前往中西部地区就业，经济发达地区的就业比例正在逐渐下降，中西部地区的就业比例不断上升。

就业形式的多样化。大学生的就业方式不再局限于传统的全职工作，还包括自主创业、自由职业、兼职等多种形式。

（三）就业倾向性不同

越来越多的大学生希望能够进入大型国企或外企工作，因为这些企业的发展前景相对较好，且更加注重应聘者的学历和综合素质。

相较于以前，越来越多的大学生倾向于选择自主创业，这一点也表明了市场的多元化和大学生就业偏好的多样性。

（四）就业难度大

大学生面临的就业压力较大，一方面是因为高等教育的普及率提高，但质量参差不齐；另一方面，社会竞争日益加剧，企业更加注重实战经验，对于没有实习经历或欠缺实习经历的大学生，其求职难度会更大。

（五）初次性与专门性

对于大多数大学生而言，毕业后的第一份工作使他们初次进入全职就业市场，他们通常具备较强的专业知识，这使他们在就业市场中具有一定的竞争力。

（六）慢就业趋势明显

越来越多的大学生选择继续深造学习，而不是立即进入就业市场。这反映了他们对未来职业规划的深思熟虑和对个人发展的高度重视。

（七）多次就业代替一次就业成主流

随着社会发展和企业用人需求的变化，大学生在职业生涯中可能会经历多次就业，而不是传统的"一次就业定终身"。这种趋势要求大学生具备更强的适应能力和学习能力。

（八）人才派遣成为大学生就业方式

人才派遣作为一种新型的就业方式，为大学生提供了更多的就业选择。通过人才派遣，大学生可以更加灵活地调整自己的职业路径，也为企业提供了更加灵活的人力资源解决方案。

第二章 大学生就业观的演变

第一节 大学生就业观的发展历史

大学生就业观是指大学生对于职业选择、就业方式、职业发展等方面的看法和态度。随着社会的变革和经济的发展，大学生的就业观念也在不断地变化。大学生就业观的形成和发展受多种因素的影响，如社会环境、职业市场、家庭背景、教育经历、个人特质等。

目前，国内外学者对大学生就业观的研究主要集中在就业观念的变化、影响因素的分析、与职业发展之间的关系等方面。通过问卷调查、深度访谈等方法，学者们对大学生的就业观进行了深入探究，提出了不少有价值的观点和建议。

当前大学生就业观在发展和变化中仍然存在一些问题。比如，部分大学生的就业观念过于功利和短视，缺乏长远的职业规划和发展意识；同时，求职过程中也存在一些就业歧视和就业难的问题，影响了大学生的就业选择和职业发展。

随着市场经济的发展，经济价值对大学生就业观的影响逐渐提升。大学生更加注重职业收入和发展前景，倾向于选择具有较高经济价值的行业和职业。这种趋势在一定程度上促进了经济的发展和职业市场的繁荣。

与个人发展相关的因素在大学生就业观中的地位逐渐提升。大学生更加注重个人的兴趣、特长和价值实现,追求职业与个人发展的匹配度。这种趋势有助于大学生找到适合自己的职业,实现个人价值。

大学生就业观存在明显的异质性。不同性别、不同专业、不同学历层次的大学生在就业观上存在差异。例如,一些专业的大学生可能更加注重专业技能的提升,而另一些专业的大学生则可能更加注重综合素质的培养。这种异质性要求我们在研究和指导大学生就业时,需要针对不同群体的特点进行差异化分析和指导。

大学生就业观的变化具有显著的特点。首先,从传统的"铁饭碗"观念向更加注重个人发展和职业前景的观念转变;其次,从单一的就业选择向多元化的就业方式转变,如创业、自由职业等;最后,从过度关注短期利益向更加注重长期职业规划和发展转变。这些变化特点反映了大学生就业观的不断进步和发展。

可预见的是,在未来,大学生就业观也将继续发生变化。一方面,随着社会的发展和技术的进步,新的职业和就业方式将不断涌现,为大学生就业提供更多的选择和可能性;另一方面,大学生将更加注重个人成长和职业发展,追求更高层次的职业发展和实现自我价值。因此,我们需要密切关注大学生就业观的变化趋势,为他们的职业发展提供更好的支持和指导。

总之,大学生就业观随着社会的发展不断演变和进步。接下来,我们将从计划经济时期、改革开放初期、市场经济时期和新时代的不同维度详细阐述和对比大学生就业观的变化。

一、计划经济时期:服从与稳定的就业观念

在计划经济时期,大学生的就业观念深受国家政策的影响,主要呈现服从与稳定的特点。这一时期的就业观反映了当时的社会结构和经济状况,以及国家对教育和就业的严格控制。

（一）服从国家分配

在计划经济时期，大学生的就业方式为由国家统一分配。这种分配通常基于学生的专业、学校的声誉和国家的需求。这一时期，大学生普遍认为，服从国家的分配是理所当然的，是履行公民义务的表现。他们往往不太关注自己的个人意愿和兴趣，而是更多地考虑国家和社会的需要。

（二）追求职业稳定

在计划经济时期，由于社会经济活动的稳定性较高，人们对职业稳定性的追求也相对较高。大学生普遍认为，一旦被分配到某个单位或行业，就决定了一生的职业生涯。因此，他们更倾向于选择那些稳定、有保障的职业，而不是冒险尝试新的职业或行业。

（三）对权力的敬畏

在计划经济时期，由于国家对经济和社会的全面控制，权力在很大程度上决定了个人的生活和职业发展。因此，大学生往往对权力怀有敬畏之情，认为拥有权力就意味着拥有更多的机会和保障。这种观念在一定程度上影响了他们的职业选择和人生规划。

（四）缺乏竞争意识

由于就业由国家统一分配，大学生通常不需要面对激烈的就业竞争。这导致他们在一定程度上缺乏竞争意识，认为只要顺利毕业就能找到一份好工作。这种观念在一定程度上限制了他们的职业发展和创新能力。

总的来说，计划经济时期的大学生就业观主要表现为服从国家分配、追求职业稳定、对权力的敬畏及缺乏竞争意识。这种观念在一定程度上反映了当时的社会结构和经济状况，也影响了大学生的职业选择和人生规划。随着社会的转型和发展，大学生就业观念逐渐发生了变化，开始更加强调个人的发展和对职业的选择。

二、改革开放初期：探索与多元的就业观念

改革开放初期，中国经济体制开始从计划经济向市场经济转变，这一转变不仅影响了国家的经济发展，也对大学生的就业观念产生了深远影响。在这一时期，大学生的就业观念逐步转变，但仍然受到计划经济体制的深刻影响。

（一）服从国家统一分配

在改革开放初期，虽然就业政策开始逐步放开，但大学生的就业观念仍然受到国家统一分配的影响。大多数大学生仍然选择服从国家的分配，进入国家机关和公共企事业单位工作。这种就业观念反映了大学生对国家的信任和依赖。

（二）面向国家机关和公共企事业单位

在改革开放初期，大学生的就业主要面向国家机关和公共企事业单位。这些单位稳定、福利好，符合大学生追求稳定就业的观念。此外，这些单位也与大学生的专业背景和技能需求更为匹配。

（三）重视政治理想和职业规划

在改革开放初期，大学生的就业观念中仍然重视政治理想和职业规划。他们认为，选择适合自己的工作不仅是为了生活需求，更是为了实现自己的政治理想和人生目标。因此，大学生在就业时会考虑自己的专业背景、技能特长和个人兴趣，并结合国家和社会的需要。

（四）学习积极性和创新性受限

由于就业政策的限制和计划经济体制的惯性，大学生在学习积极性和创新性方面受到一定的限制。他们更注重课程学习，而不是培养实践和创新能力。这种观念在一定程度上限制了大学生在就业市场上的竞争力。

（五）择业状态较为被动

在改革开放初期，大学生的择业状态较为被动。他们更多地依赖国家的分配和推荐，而不是主动寻找适合自己的工作机会。这种被动的就业观念在一定

程度上限制了大学生在职业发展上的自主性。

（六）学历和证书成为重要砝码

在改革开放初期，学历和证书仍然是大学生就业的重要砝码。由于就业政策的限制和用人单位的需求，大学生需要通过各种考试获得相应的学历和证书，以增加自己在就业市场上的竞争力。这种观念在一定程度上反映了当时用人单位对大学生的评价和选拔标准。

（七）对自我认同和评价较高

在改革开放初期，大学生普遍对自己的能力和价值持有较高的认同和评价。他们认为自己是国家未来发展的重要力量，应该承担起更多的责任和使命。这种自我认同和评价在一定程度上增强了大学生在就业市场上的自信心和竞争力。

（八）受计划经济体制深刻影响

虽然已由计划经济转向市场经济，但计划经济体制仍然对大学生的就业观念产生深刻影响。大学生在就业过程中仍然受到国家政策的限制和引导，个人的选择和自主性受到一定程度的限制。

总的来说，改革开放初期的大学生就业观念开始逐步转变，但仍然受到计划经济体制的深刻影响。他们重视政治理想和职业规划，追求稳定的工作和福利待遇，但也开始关注个人的发展和创新能力的培养。随着改革开放的深入推进和市场经济的逐步成熟，大学生的就业观念也会进一步发生变化。

三、市场经济时期：竞争与创新的就业观念

在市场经济的大背景下，大学生的就业观念经历了显著的变化。这些变化不仅反映了时代发展的需要，也体现了大学生对实现自我价值的追求。以下是在市场经济时期，大学生就业观念的主要特点：

（一）量力而行选择岗位

在市场经济条件下，大学生在选择就业岗位时更加理性，会根据自身的专

业背景、技能水平和兴趣爱好进行量力而行的选择。他们不再盲目追求热门行业和高薪职位，而是更加注重岗位的匹配度和个人发展前景。

（二）先生存后发展

在市场经济时期，大学生的就业观念更加注重实际和务实。他们普遍认为，在就业初期应该先解决生存问题，再考虑个人职业发展。这种观念使大学生更加珍惜就业机会，也更加注重个人的职业规划和长远发展。

（三）专业对口非必然

与计划经济时期相比，市场经济时期的大学生在就业时不再过分追求专业对口。他们认为，在实际工作中，专业知识只是基础，更重要的是综合能力和实际经验。因此，他们愿意尝试与自己专业相关但不完全对口的岗位，以拓宽自己的职业发展道路。

（四）国家利益至上

尽管市场经济强调个人利益，但大学生在就业时仍然秉持国家利益至上的原则。他们认为，个人的发展应该与国家的需要相结合，只有在维护国家利益的基础上，个人的职业发展才能更加稳健和长远。

（五）工作事业为重

在市场经济时期，大学生的就业观念中，工作不再仅是谋生的手段，更是实现个人价值和发展事业的重要途径。他们注重工作的质量和价值，愿意为事业奋斗和付出，以实现个人的理想和目标。

（六）积极进取不守旧

在市场经济条件下，大学生更加积极进取和注重培养创新能力。他们不满足于现状，勇于挑战自我和突破传统束缚。在就业过程中，他们愿意尝试新的工作方式和方法，积极适应市场变化，不断提升自己的竞争力。

（七）全面发展提能力

市场经济时期的大学生更加注重个人能力的全面发展。他们不仅注重学习专业知识，还注重提升自己的综合素质和能力。通过参加各种社会实践活动和培训课程，他们不断提升自己的沟通、协作、创新等能力，以适应不断变化的市场需求。

（八）勇于创业追梦想

在市场经济条件下，创业成为越来越多大学生的选择。他们不再满足于传统的就业方式，而是勇于追求自己的梦想和事业。通过创业，他们不仅能够实现个人价值，还能为社会创造更多的价值。这种勇于创业的精神也成为市场经济时期大学生就业观念的一大特点。

总的来说，市场经济时期大学生的就业观念更加注重个人发展、实际需求和创新能力。他们量力而行选择岗位，注重实际和务实，也保持积极向上的心态和勇于挑战的精神。这些观念的转变不仅有利于大学生个人的职业发展，也为社会的繁荣和进步做出了积极贡献。

四、新时代：多元化与自我实现的就业观念

随着社会的快速发展和时代的变革，新时代大学生的就业观念也在不断更新和升级。这些观念不仅影响着大学生的就业选择，也塑造着他们未来的职业生涯。以下是新时代大学生就业观念的主要特点：

（一）自主择业观念

新时代大学生更加强调个人的自主性和选择权。他们不再满足于传统的分配就业模式，而是倾向于根据自己的兴趣、特长和发展目标，自主选择职业和行业。这种观念体现了大学生对个人价值和职业发展的重视。

（二）竞争就业观念

在市场经济环境下，竞争无处不在。新时代大学生深知这一点，他们具备强烈的竞争意识，认为只有通过不断努力和提升自己的能力，才能在激烈的就业竞争中脱颖而出。

（三）职业规划观念

新时代大学生更加注重个人的职业规划和发展。他们会在大学期间就开始

规划自己的职业道路，明确自己的职业目标和发展方向。这种观念有助于大学生在就业过程中更加清晰地认识自己的优势和不足，从而更好地实现职业目标。

（四）实践能力观念

新时代大学生普遍认为，较强的实践能力是就业成功的重要因素之一。他们注重将理论知识与实际操作相结合，通过实习、实践等方式提升自己的实践能力。这种观念反映了大学生对实际工作能力的重视。

（五）团队协作观念

在现代企业中，团队协作能力是不可或缺的。新时代大学生深知这一点，他们认为在团队中能够相互支持、共同进步是非常重要的。这种观念有助于大学生更好地适应企业文化，发挥自己的价值。

（六）持续学习观念

新时代大学生认为学习是一生的事业。他们注重不断学习新知识、新技能，以适应不断变化的工作环境。这种观念体现了大学生对终身学习的追求和热情。

（七）创新观念

在新时代背景下，创新意识和创新能力成为企业用人标准之一。新时代大学生具备强烈的创新意识，愿意尝试新事物、新方法，能为企业带来新的思路和想法。这种观念有助于大学生在工作中发挥创新潜力，为企业创造更多价值。

（八）社会责任观念

新时代大学生注重个人的社会责任和使命。他们认为，作为一名职业人士，不仅要关注自己的职业发展，还要积极履行社会责任，为社会做出贡献。这种观念体现了大学生对社会发展和人类进步的关注和担当。

综上所述，新时代大学生的就业观念具备明显的自主、竞争、规划和实践导向，同时也注重团队协作、持续学习、创新意识和社会责任。这些观念不仅有助于大学生顺利就业，也为他们的职业发展奠定了坚实的基础。

大学生就业观念从计划经济时期的服从与稳定，到改革开放初期的探索与多元，再到市场经济时期的竞争与创新，以及新时代的多元化与自我实现的演变，每个阶段都反映了当时的社会背景和发展趋势。因此，我们应该根据当前的社会环境和市场需求，引导大学生树立科学理性的就业观念，为他们的职业发展和个人成长提供有力支持。同时，我们也应该关注大学生的实际需求和心理状态，为他们提供更多的就业指导和心理辅导，帮助他们更好地适应未来的社会发展。

第二节 大学生就业观演变的特征

随着社会的快速发展和变革，大学生的就业观念也在不断地发生变化。这些变化反映了大学生对于职业和未来的不同期待与追求。本文将从八个方面探讨大学生就业观的演变特征。

一、从理想化到现实化

随着社会的进步和经济的发展，大学生的就业观念也在不断地变化。过去，大学生往往带着理想化的就业观，追求完美的职业和工作环境。然而，随着社会的变革和竞争的加剧，大学生的就业观逐渐从理想化转向现实化，更加注重实际和可行性。

（一）理想化的就业观

在理想化的就业观中，大学生往往对职业和工作环境抱有过高的期望。他们希望找到一份既符合自己兴趣又能实现个人价值的工作，同时希望工作环境舒适、人际关系和谐。在这种观念下，大学生可能会忽视现实的就业市场和自身的实际条件，导致就业困难或职业满意度不高。

（二）现实化的就业观

随着大学生对社会的认知和对就业市场的了解加深，他们的就业观逐渐从理想化转向现实化。在现实化的就业观中，大学生更加注重实际和可行性。他们不再仅追求完美的职业和工作环境，而是根据自己的实际条件和市场需求来选择职业和岗位。同时，他们也更加注重个人的职业发展和成长空间，而不仅是眼前的薪酬待遇和福利保障。

（三）现实化的就业观的影响

现实化的就业观对大学生的就业选择和职业发展产生了积极的影响。首先，它使大学生更加理性地看待就业问题，避免了盲目追求理想职业而导致的就业困难。其次，现实化的就业观使大学生更加注重个人的职业发展和成长空间，有利于他们在职场中取得更好的成绩和实现个人价值。最后，现实化的就业观也促进了大学生对社会的认知和对就业市场的了解，有利于他们更好地适应社会的发展和变化。

综上所述，大学生的就业观正在从理想化向现实化转变。这种转变是社会发展和就业市场变化的必然结果，也是大学生个人成长和职业发展的必然要求。在未来的就业市场中，大学生需要更加注重实际和可行性，根据自身条件和市场需求来选择职业和岗位。同时，他们也需要不断提高自身的综合素质和能力水平，以适应社会的发展和变化。只有这样，大学生才能在竞争激烈的就业市场中脱颖而出，实现个人的职业梦想和价值追求。

二、从稳定为主到多元选择

随着时代的变迁和社会的发展，过去，稳定的工作和收入被视为大学生就业的首要考虑因素，而如今，多元选择的就业观念正在逐渐兴起。这种转变既反映了社会经济的变革，也体现了大学生对职业发展的新认识。

（一）稳定为主的就业观

过去，由于社会经济发展相对缓慢，就业机会有限，大学生在就业时往往倾向于选择稳定性较高的行业和职位。公务员、事业单位、国有企业等成为很多大学生的首选。这种就业观念的形成，一方面由当时的社会环境所致，另一方面也与大学生的职业规划和对未来的期望有关。

（二）多元选择的就业观

随着社会的快速发展和经济的全球化，大学生的就业观念逐渐发生变化。如今，越来越多的大学生开始追求多元的职业选择。他们不再局限于稳定的工作岗位，而是更加注重个人的职业发展和成长空间。创业、民营企业和互联网等新兴行业成为大学生的新选择。

（三）多元选择就业观的影响

多元选择的就业观对大学生的就业和职业发展产生了积极的影响。首先，它使大学生更加开放和包容，愿意尝试不同的职业和工作方式。这有助于拓宽大学生的就业视野，增加就业机会。其次，多元选择的就业观也促进了大学生的职业成长和个人发展。在不同的行业和职位中，大学生可以积累更多的经验和技能，提升自己的综合素质和竞争力。

综上所述，大学生的就业观正在从稳定为主向多元选择转变。这种转变既是社会经济发展的必然结果，也是大学生对职业发展新认识的体现。在未来的就业市场中，大学生需要更加开放和包容，勇于尝试不同的职业和工作方式。同时，他们也需要不断提升自己的综合素质和能力水平，以适应社会的发展和变化。只有这样，大学生才能在竞争激烈的就业市场中立于不败之地，实现个人的职业梦想和价值追求。

三、注重专业匹配

在大学生就业的过程中，专业匹配度逐渐成为一个备受关注的重要指标。随着教育水平的提高和就业市场的竞争加剧，越来越多的大学生开始意识到专业匹配对于未来职业发展的重要性。这种就业观的转变，体现了大学生对于自身职业规划的深入思考和精准定位。

（一）较高专业匹配度的重要性

专业匹配度是指大学生所学专业与所从事工作的契合程度。较高的专业匹配度意味着大学生在大学期间学到的知识和技能能够在实际工作中得到充分发挥和应用，从而提高工作效率和职业满意度。相反，如果专业匹配度较低，大学生可能需要花费更多的时间和精力去适应新的工作环境和工作内容，这无疑会对他们的职业发展产生一定的阻碍。

（二）注重专业匹配的就业观

注重专业匹配的就业观强调大学生在就业时要选择与自己所学专业相符的工作岗位。这种就业观不仅有助于大学生更快地适应职场，发挥个人专业优势，也有助于提高他们的工作满意度和职业发展潜力。同时，注重专业匹配的就业观还鼓励大学生在大学期间积极学习和提升自己的专业能力，为未来的职业发展打下坚实的基础。

注重专业匹配的就业观虽然有助于大学生的职业发展，但也面临着一些挑战。一方面，就业市场的竞争日益激烈，一些热门专业的大学生就业压力较大，而一些冷门专业的大学生则可能面临就业困难。另一方面，随着技术的进步和职业需求的变化，一些传统专业大学生的就业前景可能会受到影响。因此，大学生在注重专业匹配的同时，也需要关注就业市场的变化和趋势，做好职业规划和调整。

综上所述，注重专业匹配的就业观已经成为越来越多大学生的共识。这种就业观有助于大学生更好地发挥个人专业优势，提高工作满意度和职业发展潜力。然而，在实施过程中，大学生也需要关注就业市场的变化和趋势，做好职业规划和调整。只有这样，大学生才能在竞争激烈的就业市场中脱颖而出，实现个人的职业梦想和价值追求。

四、强调自我实现

随着个人主义思想的兴起和个性化需求的增强，大学生在就业观上更加注重自我实现。他们不再仅追求物质的满足，而是更加注重在工作中实现自我价值和个人成长。因此，在选择职业时，大学生会更加关注工作能否满足自己的兴趣和爱好，是否有利于个人成长和发展。

（一）自我实现的重要性

自我实现是指个体通过发挥自身潜能、追求个人梦想和实现目标的过程。对于大学生而言，自我实现不仅是职业发展的动力，更是个人价值的重要体现。在工作中，大学生希望能够充分运用自己的专业知识和技能，实现个人价值和获得成就感。同时，他们也渴望在工作中不断学习和成长，提升自己的综合素质和能力水平。

（二）强调自我实现的就业观

强调自我实现的就业观要求大学生在就业过程中，不仅要关注工作的稳定性和待遇的优厚，更要注重个人的职业发展和成长空间。在选择工作时，大学生应该根据自己的兴趣、特长和职业规划，选择能够发挥个人潜能、实现个人梦想的工作岗位。同时，在工作中，大学生也应该保持积极进取的心态，不断学习和提升自己的专业技能和综合素质，为实现个人价值和职业目标而努力。

强调自我实现的就业观对大学生的职业发展具有积极的影响。它能够激发大学生的工作热情和创造力，提高他们的工作满意度和成就感。然而，这种就业观也面临着一些挑战。首先，自我实现需要大学生具备较高的专业素养和综合素质，这对他们的学习和成长提出了更高的要求。其次，自我实现也需要大学生具备较强的自我驱动力和抗压能力，以应对工作中的各种挑战和困难。

五、重视职场发展

现代的大学生就业观中，对职场发展的重视程度也在不断提高。大学生不仅关注眼前的薪酬待遇和福利保障，更加注重长远的职业规划和发展前景。大学生在选择职业时，会考虑公司的发展前景和行业的前景，以及自己在该公司或行业中的晋升机会和发展空间。

（一）职场发展的重要性

职场发展是指个人在职业生涯中所经历的成长、进步和提升过程。对于大学生而言，职场发展不仅意味着获得更高的职位和更好的待遇，更意味着在工作中不断提升自己的专业技能、管理能力和人际交往能力，实现个人的全面发展和价值提升。

（二）注重职场发展的就业观

注重职场发展的就业观要求大学生在选择工作时，不仅要考虑眼前的利益，更要关注长远的职业发展。这意味着大学生需要仔细评估自己的兴趣、能力和职业规划，选择那些能够提供良好发展机会和成长空间的岗位。同时，在工作中，大学生需要积极主动地学习和掌握新知识、新技能，不断提升自己的综合素质和竞争力。

注重职场发展的就业观对大学生的职业发展具有积极的影响。它能够激发大学生的工作热情和创造力，促使他们更加努力地工作和学习，从而实现更快的职业成长和更好的职业发展。然而，这种就业观也面临着一些挑战。例如，在竞争激烈的职场中，大学生需要不断提升自己的能力和素质才能脱颖而出；同时，随着技术的发展和职业需求的变化，大学生还需要不断地学习和适应新的工作环境和要求。

六、关注工作环境

工作环境对于员工的工作体验和职业发展有着重要的影响。因此，在就业观上，大学生更加关注工作环境的质量。他们不仅关注工作的物质环境，如办公设施、工作氛围等，还关注企业的文化氛围、管理风格等软环境。工作环境因素对于大学生的职业选择和发展都有着重要的影响。

（一）工作环境的重要性

工作环境是指员工在工作中所面对的一系列物理和心理条件。对于大学生而言，工作环境不仅关乎工作效率和职业发展，更直接关系个人的身心健康和工作满意度。一个良好的工作环境可以提供舒适的物理空间、积极的团队氛围和充足的资源支持，从而激发员工的工作热情和创新力。

（二）关注工作环境的就业观

关注工作环境的就业观要求大学生在选择工作时，不仅要考虑职位的薪资和待遇，更要关注工作的物理环境和人文环境。这包括办公设施的完善程度、工作时间的合理性、团队合作的融洽度以及公司文化和价值观的契合度等。大学生希望能够在一个舒适、和谐的环境中工作，以实现工作效率和个人成长的平衡。

关注工作环境的就业观对大学生的就业选择和职业发展具有积极的影响。它能够引导大学生更加理性地评估工作机会，选择适合自己的工作环境，从而提高工作满意度和幸福感。然而，这种就业观也面临着一些挑战。例如，不同行业和企业对工作环境的投入和重视程度不同，大学生需要在选择工作岗位时进行权衡和取舍；同时，过于关注工作环境可能会忽视其他重要的职业发展因素，如职位晋升空间和行业发展趋势等。

七、倾向于创新创业

随着创业氛围的日益浓厚和创新精神的不断提升，越来越多的大学生开始倾向于创新创业。他们不再满足于传统的就业方式，而是希望通过自己的努力和创意取得事业的成功。这种趋势反映了大学生对于挑战和创新的追求，也体现了他们对于实现自我价值的重视。

第一，创新在大学生创业观中占据核心地位。创新被视为创业成功的关键因素，它不仅能为创业项目带来竞争优势，还是开拓市场的有力武器。大学生普遍认为，创新是创业的灵魂，是推动社会进步和经济发展的重要动力。因此，培养创新意识和能力成为大学生创业道路上不可或缺的一部分。这种对创新的重视反映了现代大学生对于创业的独特理解和大学生的价值追求。

第二，个人特质对大学生的创业倾向产生显著影响。冒险精神和创新能力是其中最为关键的两个因素。具备冒险精神的大学生更倾向于挑战传统观念，勇于尝试新的创业机会。而创新能力则可以帮助他们发现市场的潜在需求，提出创新的解决方案。此外，家庭背景也对大学生的创业倾向产生一定的影响。父母的支持和良好的家庭经济状况等因素可以为大学生提供创业所需的精神和物质支持。

第三，教育经历是影响大学生创业倾向的重要因素之一。接受创业教育和实习经历可以帮助大学生积累创业知识和技能，提高创业的成功率。通过创业教育，大学生可以学习如何制订商业计划、如何融资、如何管理团队等实用的创业技能。而实习经历则可以让大学生更深入地了解行业和市场，为他们未来的创业之路提供宝贵的经验。

第四，社会环境也是影响大学生创业倾向不可忽视的因素。政策支持、市场机会等社会环境因素可以为大学生创业提供有力的外部条件。政府对于大学生创业的政策扶持，如提供创业资金、减免税收等，可以降低大学生的创业门槛和风险。而市场机会则可以为大学生提供创业的空间和发展潜力。

在综合分析这些因素后，我们发现它们并不是孤立地影响大学生的创业意愿，而是相互交织、共同作用的。这些因素之间的相互作用使大学生的创业观念和行为倾向呈现复杂性和多样性。

八、跨文化就业趋势

大学生就业观中的跨文化就业趋势是大学生就业观的一个重要发展方向。随着全球化的深入发展和国际交流的增多，跨文化就业已经成为越来越多大学生的选择。这一现象不仅反映了全球经济的融合和国际化趋势的加强，也体现了大学生对多元文化的包容和开阔的国际视野。

第一，跨文化就业趋势的出现，与全球化背景下的经济发展密切相关。随着跨国公司的增多和国际市场的不断扩大，企业需要具备跨文化沟通、跨国管理能力和国际视野的人才来支持其全球化战略。因此，具备跨文化能力的大学生在就业市场上具有更高的竞争力。

第二，跨文化就业趋势也反映了大学生对多元文化的认同和包容。随着国际交流的增多，大学生对世界的认知更加全面和深入，他们更加愿意尝试不同文化背景下的工作和生活方式。这种包容多元文化的态度，不仅有助于他们拓宽视野、增长见识，也有助于他们更好地适应全球化时代的发展需求。

第三，在跨文化就业趋势中，大学生需要具备一定的跨文化能力和素质。这包括语言能力、文化适应能力、沟通能力、团队协作能力等。同时，大学生还需要了解不同国家和地区的文化背景、价值观念、法律法规等，以便更好地融入当地社会和文化环境。

第四，为了培养具备跨文化能力的大学生，高校和社会也需要采取相应的措施。高校可以加强国际交流与合作，为学生提供更多的国际交流和实践机会。同时，也可以开设跨文化课程，帮助学生了解不同文化背景下的价值观、思维方式、行为准则等。社会也可以提供更多的跨文化培训和实习机会，帮助学生提升跨文化能力。

总之，跨文化就业趋势是全球化背景下的一种重要发展趋势。对于大学生而言，具备跨文化能力和素质将有助于他们在就业市场上获得更多的机会和更大的发展空间。同时，这也需要高校和社会共同努力，为大学生提供更多的跨文化教育和培训机会，以支持他们在全球化时代中更好地发展和成长。

综上所述，大学生就业观的演变特征体现了他们对于职业和未来的不同期待与追求。这些特征反映了社会的快速发展和变革对于大学生就业观念的影响，也体现了大学生对于自我实现、职业发展、工作环境等方面的重视和追求。随着社会的不断发展和进步，大学生的就业观念也将继续变化，为未来的职业发展创造更多的可能性。

第三章 大学生就业心理及影响

第一节 当代大学生就业心理

一、当代大学生就业心理问题的表现与成因

大学生就业心理问题是当前社会广泛关注的议题。在寻求就业机会的过程中，许多大学生可能会产生一系列的心理困扰，这些困扰在很大程度上影响了他们的求职表现，甚至可能导致他们放弃求职，进一步加剧了就业压力。

（一）当代大学生就业心理问题的表现

（1）自卑畏怯心理。部分大学生在面临就业压力时，由于自身能力、专业前景或其他原因，产生自卑感，害怕竞争，不敢主动展示自己的才能。

（2）焦虑心理。就业的压力、对未来的不确定性以及对自身能力的怀疑，常使大学生产生焦虑情绪，表现为心慌意乱、烦躁不安。

（3）抑郁心理。在求职过程中遇到挫折或困难时，一些大学生可能产生抑郁心理，感到失落、无助，甚至产生轻生念头。

（4）依赖心理。部分大学生在就业过程中缺乏独立性和自主性，过分依赖家人、朋友或学校的推荐，不愿意主动寻找就业机会。

（5）急功近利心理。部分大学生期望迅速找到一份薪水高、发展好的工

作，忽视了自身的长远发展，导致在求职过程中产生浮躁心理。

（6）患得患失心理。在面临选择时，部分大学生担心选择失误而错失良机，常常犹豫不决，患得患失。

（7）盲目自信心理。一些大学生在求职过程中过于自信，忽视自身的不足和缺点，对就业市场和用人单位缺乏了解，导致求职失败。

（二）当代大学生就业心理问题的成因

这些心理问题并非单一因素所致，而是多种因素共同作用的结果。从社会层面来看，激烈的就业竞争和不稳定的就业市场为大学生带来了巨大的压力。在这种环境下，他们必须面对更多的不确定性和挑战，这无疑增加了他们的心理负担。

（1）社会就业环境压力。随着社会的发展，用人单位对大学生的要求不断提高，导致大学生在就业市场上感受到巨大的压力。同时，经济结构的调整和行业的快速变化也使大学生的就业环境变得更加复杂和不稳定。

（2）家庭教育及期望压力。家庭对大学生的教育方式和期望对他们的就业心理有着深远的影响。一些家庭过分强调成功和名利，给大学生带来了巨大的心理压力；而另一些家庭则可能缺乏对子女的职业规划指导，导致他们在就业时感到迷茫。

（3）学校就业指导不足。虽然很多高校都设有就业指导中心，但一些学校的就业指导工作仍然存在不足，缺乏系统、全面的就业指导课程，以及个性化的职业辅导，使大学生在就业准备上感到不充分。

（4）个人能力与定位模糊。一些大学生在求学期间缺乏明确的职业规划，导致对自己的能力和兴趣了解不足，对未来的职业定位模糊。这使他们在面对就业市场时感到迷茫和焦虑。

（5）职业信息与认知局限。由于信息获取渠道有限或缺乏对职业市场的深入了解，一些大学生对职业信息的掌握不足，对职业发展的认知存在局限。这可能导致他们在就业选择时做出不理智的决定。

（6）心理承受力与调适不足。面对就业压力和挫折，一些大学生的心理承受力较弱，无法有效调适自己的心态。这可能导致他们在面对就业困难时产生消极情绪，影响就业决策和表现。

（7）传统观念与现代冲突。在一些家庭中，传统观念仍然根深蒂固。这些观念可能与现代社会的就业趋势和市场需求存在冲突，导致大学生在就业时面临心理困扰和选择困难。

（8）自身兴趣及天赋与职业匹配度不高。大学生在就业时需要考虑自己的兴趣和天赋与职业的匹配度。如果他们的兴趣和天赋与所选择的职业不匹配，可能会导致他们在工作中感到压抑和失落，进而影响他们的就业心理和职业发展。

综上所述，现代大学生就业心理问题的形成受到多方面因素的影响。为了促进大学生的顺利就业和职业发展，我们需要从社会、家庭、学校和个人等多个角度出发，加强对大学生的职业规划和就业指导工作，帮助他们树立正确的就业观念，提高心理承受力和调适能力，实现自身兴趣及天赋与职业的匹配。

二、大学生应对就业心理问题的策略

大学生积极应对就业心理问题，对于提升就业竞争力、促进个人成长、增强心理韧性、适应社会需求、减轻就业压力、提高生活质量、实现自我价值以及贡献社会发展等方面都具有重要意义。基于此，特此提出以下具体建议：

（1）积极寻求实习经验。实习是大学生了解职场、积累经验和建立人脉的重要途径。通过实习，大学生可以更加明确自己的职业方向，提高自己的职业能力，从而增强就业竞争力。

（2）慎重选择就业方向。大学生在选择就业方向时，应充分考虑自己的兴趣、特长和市场需求，避免盲目追求热门行业和高薪职位。选择适合自己的职业方向有助于降低就业心理压力。

（3）备战面试增强自信。面试是大学生展示自己能力和魅力的关键环节。

在面试前，大学生应充分了解岗位需求和公司文化，提前做好准备，提高应变能力。同时，保持良好的仪态和心态，展现自信和专业形象。

（4）放松心态应对压力。就业压力是大学生常见的心理问题之一。在面对压力时，大学生应学会调整心态，保持积极乐观的态度。可以通过运动、冥想等方式缓解压力，提高自己的心理承受能力。

（5）建立合理自我评价。大学生在就业过程中，应建立合理的自我评价体系。既不过于自卑，也不过于自负，正确认识自己的优点和不足。在此基础上，制定适合自己的职业规划和发展目标。

（6）增强自我推销能力。在就业市场中，自我推销能力尤为重要。大学生应学会充分展示自己的优势，突出自己的特点，通过精心制作简历、充分准备面试等方式，提高自己的被关注度。

（7）克服依赖从众心理。在就业过程中，大学生应避免盲目依赖他人或盲目跟从潮流，要有自己的独立思考和判断能力，根据自己的实际情况和需求做出合理的职业选择。

（8）寻求专业心理咨询。如果大学生在就业过程中遇到难以解决的心理问题，可以寻求专业心理咨询师的帮助。心理咨询师可以提供专业的建议和指导，帮助大学生更好地应对就业心理问题。

总之，大学生应对就业心理问题的策略是多方面的。大学生应根据自己的实际情况和需求选择合适的方法，积极应对就业过程中的心理问题，实现顺利就业和职业发展。

第二节　大学生就业心理对社会发展的影响

一、对社会人才结构的影响

在深入探讨大学生就业心理对社会发展的影响时，我们不可忽视其对社会人才结构产生的深远影响。健康的就业心理对于大学生在职业选择、能力提升和职业变动方面的决策具有显著作用，这些决策最终将塑造社会的人才结构，并进而影响社会的发展。

健康的就业心理有助于大学生形成准确的自我认知，并在此基础上选择与其兴趣和能力相匹配的职业方向。这种形成自我认知与职业选择的过程不仅有助于实现人才在不同行业和领域的合理配置，还有助于优化整个社会的人才结构。当大学生能够在与其兴趣和能力相匹配的岗位上工作时，他们将能够发挥出最大的潜力，从而推动整个社会生产效率的提高和创新能力的提升。

健康的就业心理对大学生的职业发展和能力提升也起到了积极的推动作用。健康的就业心理能够激发大学生的职业责任感和自我驱动力，促使他们不断提升自己的专业能力和综合素质。这种自我提升的过程不仅有助于大学生个人的职业发展，还有助于为社会培养大量具备较高专业素养和综合素质的人才。这些高素质人才将在各自所在领域内发挥重要作用，推动社会整体人才质量的提升，进而促进社会的发展。

健康的就业心理有助于大学生在面对职业变动时保持积极态度。在现代社会中，职业变动已经成为一种常态，大学生需要具备适应这种变化的能力。健康的就业心理能够帮助大学生在面对职业变动时保持积极、乐观的态度，从而更好地适应新的工作环境和挑战。这种适应性和流动性有助于缓解某些行业或地区的人才短缺问题，也为社会的持续发展注入活力。

不仅如此，健康的就业心理还能够促进人才在不同行业、不同地域之间的合理流动。这种流动性不仅有助于优化人才资源配置，提高人才利用效率，还能够推动不同地区之间的经济、文化等方面的交流与合作。对于整个社会而言，这种流动性意味着更多的创新活动和活力，也意味着更加均衡和可持续发展的人才结构。

大学生就业心理对社会发展的影响是多方面的，其中对社会人才结构的影响尤为显著。健康的就业心理有助于大学生形成准确的自我认知和进行职业选择，激发他们的职业责任感和自我驱动力，提升个人能力和综合素质，以及更好地适应职业变动和流动。这些将有助于优化社会的人才结构，提高人才利用效率，推动社会的快速发展和持续进步。

我们应该重视大学生的就业心理健康教育，帮助他们建立健康的就业心理，提升职业素养和综合能力。社会各界也应该为大学生提供更多的职业发展机会和平台，鼓励他们在不同行业、不同地域之间流动，为社会的持续发展注入更多的活力。如此，我们才能够建立一个更加均衡、多元和可持续发展的人才结构，为社会的繁荣和进步提供有力支持。

二、对社会就业市场的影响

大学生就业心理对社会发展的深远影响还体现在就业市场方面。健康的就业心理对于大学生正确看待就业市场中的竞争与挑战至关重要。这种积极、理性的态度不仅有助于缓解大学生的就业压力，还能够有效减轻社会就业市场的紧张氛围。当大学生能够以更为成熟和稳健的心态面对就业市场时，他们更有可能找到适合自己的工作，进而为社会的繁荣和发展贡献自己的力量。

从社会心理学的角度来看，健康的就业心理能够提升大学生的就业满意度和职业幸福感。具备健康就业心理的大学生更能够积极应对工作中的挑战和困难，持续学习和进步，从而在工作中实现自我价值和获得成就感。这种积极向上的心态不仅有助于个人的职业发展，还能够为社会创造更多的正能量和积极价值。

健康的就业心理对于维护就业市场的公平竞争也具有积极意义。具备健康的就业心理的大学生能够以更为公平、公正的态度看待就业机会，减少就业歧视现象的发生。他们更能够尊重他人的劳动成果和知识产权，维护就业市场的秩序和稳定。这种公平竞争的就业环境不仅有助于提升就业市场的整体效率，还能够促进不同群体之间的融合与发展，维护社会的和谐稳定。

健康的就业心理对于稳定就业市场也具有重要作用。具备健康就业心理的大学生往往具有更高的职业稳定性和忠诚度，这有助于降低社会就业市场的波动性和不确定性。他们在工作中能够保持稳定的心态和积极的态度，更能够应对各种挑战和变化，从而为企业和社会长期创造价值。这种稳定性和忠诚度不仅有助于企业的可持续发展，还能够为社会的稳定发展提供有力保障。

健康的就业心理还能够促进大学生与职场的良好互动和融合。具备健康就业心理的大学生能够积极适应职场文化和规则，与同事和领导建立良好的合作关系和互动机制。他们通过积极沟通、协商和合作，不仅能够提高工作效率和绩效水平，还能够为企业创造更多的价值。这种积极的职场态度和行为不仅有助于个人的职业发展，还能够为企业的稳定发展和社会的繁荣做出积极贡献。

大学生就业心理对社会就业市场的影响是多方面且深远的。健康的就业心理不仅有助于大学生个人的职业发展和心理健康，还能够对社会就业市场的稳定和发展产生积极影响。通过重视大学生的就业心理教育、培养健康的就业心理和提升大学生的综合素质和能力水平，我们可以更好地促进社会的和谐稳定、可持续发展和繁荣进步。政府、企业和社会各界应该共同努力，为大学生提供更为公平、公正和有利的就业环境和机会，激发他们的创造力和潜力，为社会的发展贡献更多的智慧和力量。

三、对社会经济发展的影响

大学生就业心理作为社会经济发展的一项关键议题，其重要性不容忽视。健康的就业心理不但有助于激发大学生的创新意识和创业精神，用创新驱动社会经济发展，而且为社会的转型升级提供动力支持。当大学生具备积极的就业心态时，他们更有可能突破传统思维束缚，提出富有创意的想法和解决方案，进而推动经济向更高层次、更高效益的方向发展。

在经济全球化和技术快速进步的背景下，产业结构的调整与升级已成为推动经济发展的重要动力。大学生作为社会的新鲜血液和未来发展的中坚力量，他们的就业心理状况直接影响他们能否顺利适应这些变化。具备良好的就业心理的大学生能够积极应对市场变革和技术升级的挑战，主动学习新知识和技能，以适应新岗位和行业的需求。这种适应性和学习能力对于推动产业结构的优化升级和实现经济的高质量发展具有至关重要的意义。

同时，健康的就业心理对于提高人力资源利用效率也具有重要意义。在知识经济时代，人力资源已成为推动经济社会发展的关键因素。当大学生对自己的工作具有较高的满意度和归属感时，他们会更加投入地工作，发挥自己的潜力，提高工作效率和工作质量。这将有助于充分发挥人力资源的潜力，提升企业的经济效益，为社会的经济发展提供有力支撑。

值得注意的是，健康的就业心理并不是自发形成的，而是需要高校、政府、社会和企业的支持和培养。首先，高校应该重视大学生的心理健康教育，通过课程设置、心理辅导等方式，帮助大学生形成积极的就业心态。其次，政府和社会各界应该营造良好的就业环境，提供充分的就业机会和公平的竞争环境，让大学生在就业过程中感受到社会的支持和认可。最后，企业应该注重员工的心理健康，通过提供培训、晋升机会和福利待遇等方式，激发员工的工作积极性和创新精神。

从更深层次来看，大学生就业心理对社会经济发展的影响还具有长期效应。大学生的创新意识、创业精神和适应能力是推动社会进步和经济发展的重要动力。当大学生具备健康的就业心理时，他们更有可能在各个领域实现突破和创新，为经济社会发展注入新的活力。同时，他们的积极心态和良好适应能力也有助于社会的和谐稳定，减少因就业问题引发的社会矛盾和冲突。

大学生就业心理还对社会文化的传承和创新产生影响。大学生作为社会文化的传承者和创新者，他们的就业心理状况直接影响其对传统文化的传承和对新兴文化的接纳。健康的就业心理有助于大学生保持开放的心态，积极学习和借鉴各种优秀文化成果，推动社会文化的多元化和创新发展。

大学生就业心理对社会经济发展的影响深远而广泛。它不仅关系大学生个人的成长和发展，更影响整个社会的经济、文化和社会稳定。因此，我们应该从多个层面出发，加强对大学生的心理健康教育，营造良好的就业环境，激发大学生的创新潜力和适应能力，为社会经济的持续健康发展提供有力保障。

在具体的政策制定和落实中，我们需要充分考虑大学生的心理需求和实际情况，确保各项措施能够真正落到实处，发挥实效。例如，在制定就业政策时，考虑大学生的职业发展需求和心理健康状况，提供个性化的就业指导和服务；在推动产业结构调整时，同步调整大学生的技能培训和职业规划，帮助他们更好地适应市场需求和职业发展；在加强心理健康教育时，注重培养大学生的积极心态和应对压力的能力，提高他们的心理素质和适应能力。

同时，大学生就业心理的形成并非一蹴而就的，而是一个长期而复杂的过程。因此，我们需要持续关注大学生的心理状态和需求变化，不断完善相关政策和服务措施，以确保他们能够在就业过程中保持健康的心态和积极的态度，为社会经济的持续发展做出更大的贡献。

总之，大学生就业心理作为社会经济发展的关键议题之一，其重要性不容忽视。加强大学生的心理健康教育、优化就业环境、完善相关政策和服务措施等，可以激发大学生的创新潜力和适应能力，推动社会经济的持续健康发展，这不仅体现了对大学生的负责和关怀,更体现了对整个社会未来发展的负责和担当。

第三节 大学生就业心理对家庭稳定的影响

一、对家庭关系的影响

大学生就业心理对家庭稳定的影响是一个值得深入探讨的课题。本文将从心理压力的传递、大学生角色转变过程中的冲突及期望值落差三个方面,系统分析大学生就业心理如何对家庭关系产生深远影响,并提出相应的应对策略。

第一,我们需要关注心理压力的传递现象。大学生在就业过程中往往面临着来自社会、家庭和自身的多重压力。这些压力不仅可能影响他们的心理健康,还可能在家庭中得到传递,从而对家庭关系造成负面影响。例如,当大学生面临就业困难时,他们可能会感到焦虑、沮丧和失落,这些情绪可能在家庭互动中得到体现,导致家庭氛围紧张,影响家庭成员之间的有效沟通和互相理解。为了缓解这种压力,家庭成员需要增强对大学生的支持和理解,积极与他们沟通,了解他们的需求和困扰,共同寻找解决方案。同时,大学生也需要学会自我调节,通过积极的心态和应对策略来缓解压力,避免将负面情绪传递给家庭成员。

第二,大学生角色转变过程中的冲突也是影响家庭关系的重要因素。从学生到职场人的转变意味着大学生需要承担更多的家庭和社会责任。在这个过程中,大学生与家庭成员之间可能会产生择业冲突。例如,父母可能期望子女从事某些特定的职业,而子女可能有自己的职业规划和发展方向。这种期望与现实的矛盾可能导致家庭成员之间产生冲突和误解。为了促进大学生与家庭成员之间的和谐共处，一方面，大学生需要明确自己的职业规划和目标，并与家庭成员进行充分沟通，以获得他们的理解和支持。另一方面，家庭成员也需要调整自己的期望，尊重子女的职业选择和发展方向，共同支持他们的成长和发展。

第三，我们需要关注期望值落差对家庭关系的影响。家庭对大学生往往寄予厚望，期望他们在就业方面表现优异。然而，当大学生的就业情况不符合家庭期望时，可能会导致家庭成员的失望和不满。这种失望和不满可能进一步影响家庭关系，甚至导致家庭矛盾。为了应对期望值落差带来的问题，首先，家庭成员需要理性看待大学生的就业情况，理解他们在就业过程中面临的挑战和困难。同时，大学生也需要积极面对就业问题，努力提升自己的综合素质和职业能力，以满足家庭的期望。其次，家庭成员之间需要建立良好的沟通机制，共同协商和制定合理的期望值。这不仅可以避免期望值过高或过低产生的问题，还可以增强家庭成员之间的信任和理解。最后，当期望值落差出现时，家庭成员需要保持冷静和理性，共同寻找解决方案，以维护家庭和谐。

综上所述，大学生就业心理对家庭关系的影响是一个多维度、复杂的问题。我们需要从心理压力的传递、大学生角色转变过程中的冲突及期望值落差三个方面进行全面分析，并提出相应的应对策略。同时，家庭成员之间需要增强理解和支持，共同应对就业挑战，以维护家庭和谐与稳定。在后续研究中，我们将进一步探讨如何通过家庭教育、心理咨询等方式来帮助大学生更好地应对就业心理问题，以促进家庭关系的健康发展。

二、对家庭经济状况的影响

大学生就业心理与家庭经济状况之间的关系是一个多维度的议题。这一关系不仅涉及大学生个体的心理状况，更与家庭的经济状况、教育投资及未来规划紧密相连。

第一，大学生就业是家庭经济状况变化的重要驱动因素。在求职过程中，大学生可能需要面对各种各样的经济压力，如交通费、住宿费、参试费等。这些费用对于许多家庭来说，特别是经济条件一般的家庭，可能会构成额外的经济负担。这些负担不仅可能影响家庭的日常生活开支，还可能对家庭的长期经济规划产生影响。

第二，大学生的就业心理对家庭未来经济预期的塑造具有不可忽视的作用。若大学生能够理性看待就业市场，对自己的就业前景持有乐观的态度，这种积极的心理预期往往能够传递给家庭其他成员，共同营造一个对家庭未来经济情况更为乐观的氛围。这种乐观的预期可能激励家庭成员更加努力地工作、储蓄和投资，以期在未来获得更好的经济回报。

相反，若大学生对自己的就业前景感到悲观或迷茫，这种消极的心理预期也可能传递给家庭其他成员，导致整个家庭担忧未来经济前景。在这种情况下，家庭可能会更加谨慎地进行经济决策，减少不必要的消费和投资，甚至可能降低对未来生活的期望。这种消极的预期和行为模式可能进一步加剧家庭经济负担，形成恶性循环。

大学生就业初期的收入状况对家庭经济的稳定性有直接影响。初入职场的大学生往往面临职业适应、人际关系等多重压力，这些压力可能导致其收入水平不稳定。这种不稳定性可能给家庭经济状况带来不稳定性，使家庭对未来的财务预期产生不确定性。为了应对这种不确定性，家庭需要调整其财务规划，例如增加储蓄、减少非必需品的开支等。

第三，在教育投资回报方面，大学生的就业心理状况扮演着关键角色。当大学生能够以积极的心态面对就业市场，具备自信、乐观和适应性强的心理素质时，他们更有可能顺利找到稳定的工作并获取持续的收入。这样的就业成果意味着家庭在高等教育上的投资得到了有效的回报，进而显著减轻了家庭经济负担。具体而言，稳定的收入可以支持家庭的日常开销、未来规划以及可能的应急支出，增强了家庭的经济安全性和稳定性。

然而，若大学生在就业时面临困难，如心理压力大、焦虑或缺乏必要的职业规划能力，这些都可能导致他们在就业市场上表现不佳，进而影响家庭的经济状况。一方面，不稳定的收入或失业状态可能导致家庭无法按时偿还教育贷款或支付其他与教育相关的费用，增加了家庭经济负担。另一方面，长期的就业困境可能使家庭对未来经济的预期变得悲观，进一步影响家庭的经济决策和消费行为。

家庭对大学生的教育投资通常期待能够得到相应的回报。当大学生的就业情况不佳时，家庭可能会质疑其教育投资的价值，甚至可能影响对其他家庭成员的教育投入。这种影响可能会形成一种恶性循环，导致家庭在教育投资上更加谨慎，从而限制了其他家庭成员的职业发展机会。

第四，我们还不能忽视大学生的就业情绪状况对家庭经济状况的间接影响。面对激烈的就业竞争和不断变化的市场需求，大学生可能会产生焦虑、压力等负面情绪。这些情绪不仅可能影响大学生的求职行为和职业发展，还可能间接地对家庭的经济状况产生负面影响。例如，大学生的焦虑情绪可能会导致其在求职过程中过于急躁或消极，从而影响其就业质量和收入水平。

为了更深入地理解这一议题，本书还关注大学生就业心理与家庭经济状况之间的相互作用机制。一方面，大学生的就业心理状况可能直接影响其求职行为和职业发展，进而影响家庭的经济状况。另一方面，家庭经济状况的变化也可能反过来影响大学生的就业心理。例如，家庭经济压力的增加可能会增加大学生的就业焦虑和压力感，而家庭经济状况的改善则可能有助于缓解大学生的就业心理压力。

在学术研究领域，这一议题已经引起了学者的广泛关注。许多研究都试图从多个角度探讨大学生就业心理与家庭经济稳定之间的关系。这些研究不仅关注大学生的就业心理状况对其个人职业发展的影响，还关注这些影响如何进一步传导到家庭层面。这些研究的结果为我们提供了宝贵的洞见，有助于我们更深入地理解这一议题的复杂性。

总的来说，大学生就业心理对家庭经济稳定性的影响是一个复杂而重要的议题。它涉及大学生个体的心理状况、家庭的经济状况及未来的教育投资等多个方面。为了维护家庭的经济稳定和促进大学生的职业发展，我们需要从多个角度来考虑和应对这一议题。这包括为大学生提供有效的就业指导和心理支持、制定合理的家庭财务规划及调整教育投资策略等。通过这些努力，我们可以期望在维护家庭经济稳定的同时，也能够促进大学生的职业发展。

三、对家庭稳定的影响

大学生就业心理对家庭稳定的影响是一个值得深入探讨的课题。这种影响并非孤立存在，而是与家庭的未来规划、家庭价值观的塑造及代际关系的调整等方面紧密相连。

在职业规划的引导下，大学生的就业选择对家庭的未来走向具有显著影响。个人职业决策不仅关乎个人的发展，更在一定程度上决定了家庭的未来发展。例如，当大学生选择前往特定城市或地区就业时，家庭成员可能需要调整居住地点以支持其职业发展，从而影响家庭的生活环境和社交圈子。这种地理上的迁徙不仅是对个人职业发展的投资，也是对家庭未来规划的重大决策。此外，大学生的就业情况还可能影响家庭的经济状况，进而影响家庭的生活质量、教育投资和退休规划等方面。因此，大学生在职业规划和就业选择过程中需要充分考虑家庭的实际情况和未来发展需求，以做出更有利于家庭稳定的决策。

家庭价值观的塑造过程也受到大学生就业心理和行为的影响。家庭价值观是家庭成员共同遵循的行为准则和价值观念，对于家庭的凝聚力和稳定性具有重要意义。大学生在就业过程中展现出的积极态度、责任感和进取心等品质，可以激发家庭成员对生活的积极态度和对未来的信心。他们的成功经历和努力奋斗的精神，也可能成为家庭成员学习和效仿的榜样。这种价值观的传递和塑造有助于增强家庭成员之间的情感联系和共同目标，从而维护家庭的和谐稳定。

随着大学生在职场中的成长和成就，代际关系也面临调整的挑战。一方面，大学生在就业市场上的成功可能提升其在家庭中的地位和话语权，进而影响家庭中的决策方式和权力结构。这种变化可能导致家庭成员之间的角色和期望发生调整，需要各方共同适应和协作。另一方面，大学生在职场中的经验和成就也可能为家庭带来新的发展机遇和资源，为家庭的未来规划提供有益的建议和支持。因此，在面对代际关系的调整时，家庭成员需要保持开放和包容的心态，尊重彼此的观点和需求，以实现家庭的和谐与发展。

为了维护家庭的和谐稳定，大学生在就业过程中需要关注自身的心理状态和行为表现。首先，他们需要树立正确的职业观念和价值观，以指导自己的职业规划和就业选择。这包括认识到个人发展与家庭稳定之间的平衡关系，以及个人职业选择对家庭未来规划的重要影响。其次，大学生需要培养积极的心态和责任感，以应对就业过程中的挑战和困难。这有助于激发家庭成员对生活的积极态度和对未来的信心，为家庭的稳定和发展提供有力支持。最后，大学生需要在代际关系的调整中积极沟通和协作。他们需要尊重家庭成员的观点和需求，理解彼此的角色和期望，以实现家庭内部的和谐与发展。

大学生就业心理对家庭稳定的影响是一个多维度、复杂的过程。在职业规划、家庭价值观的塑造及代际关系的调整等方面，大学生的就业心理和行为都发挥着重要作用。因此，大学生在就业过程中需要充分考虑家庭的实际情况和未来发展需求，以做出更有利于家庭稳定的决策。同时，家庭成员需要保持开放和包容的心态，共同适应和协作，以维护家庭的和谐稳定。通过深入分析大学生就业心理对家庭稳定的影响机制，我们可以为家庭稳定提供有益的参考和启示，促进家庭的和谐与发展。

第四节　大学生就业心理对个人经济能力的影响

大学生就业心理与个人经济能力之间的关系是一个值得深入探讨的话题。在职业选择与收入预期方面，大学生的心理状态发挥着不可忽视的作用。具体而言，大学生的焦虑、迷茫等负面情绪可能导致他们在选择职业时趋于保守，避免挑战，进而影响他们的收入预期。相反，充满自信的大学生往往更愿意尝试具有挑战性和高收入的工作，从而获得更高的经济回报。

就业心理还影响大学生的职业发展动力。拥有乐观、自信等积极心理状态的大学生，在面对职业挑战时，通常表现出更强的动力和韧性，愿意不断学习和提升自己，以追求更好的职业发展。这种积极的就业心理有助于他们在职业生涯中不断进步，提升个人经济能力。

反之，消极的心理状态，如悲观、自卑等，可能导致大学生在工作中缺乏动力，难以克服困难和挑战，从而影响他们的职业发展和经济能力。对于大学生而言，调整就业心态，培养积极、健康的心理状态至关重要。

为了揭示大学生就业心理与个人经济能力之间的内在联系，我们进行了调查研究。结果显示，大学生的就业心理不仅直接影响他们的职业选择和收入预期，还通过影响他们的职业发展动力，间接影响他们的经济能力。这一发现对于指导大学生调整就业心态、提高其个人经济能力具有重要的实践意义。

大学生就业心理与个人经济能力之间存在着紧密的联系。通过培养积极的就业心理，激发职业发展动力，大学生能更好地适应就业市场，提升经济能力。

在实践层面，我们可以通过多种途径来帮助大学生调整就业心理。例如，高校可以加强心理健康教育，提供专门的职业咨询服务，帮助大学生建立正确的职业观和就业心理。高校还可以与企业合作，开展实习实训项目，让大学生在实践中了解职场环境，提高职业素养和心理素质。

家庭和社会也应当在培养大学生健康的就业心理方面发挥积极的作用。家长应当关注孩子的心理状态，提供情感支持和建议，帮助他们建立自信，使他们勇于面对职业挑战。社会应当营造积极的就业氛围，鼓励大学生勇于尝试、不断创新，实现自我价值。

在政策层面，政府可以制定相关政策，鼓励企业提供实习和就业机会，为大学生提供更多的职业发展平台。政府还可以设立专项资金，支持大学生进行创新创业，提高他们的经济能力。

大学生就业心理与个人经济能力之间的关系是一个复杂而重要的议题。我们需要从多个角度出发，综合施策，帮助大学生调整就业心态，提高其经济能力。如此，我们才能培养出更多优秀的人才，为社会的经济发展做出更大的贡献。

第四章　内蒙古大学生就业心理压力的特点

第一节　大学生就业心理压力的概念

大学生就业心理压力是指大学生在求职过程中面临的各种内外部因素所带来的心理压力。这种压力不仅源于就业市场的客观状况，也来自大学生自身的期望与评估。

一、就业心理压力的含义

（一）压力及就业心理压力

压力，作为一种普遍存在的心理现象，对个体的生活、工作、健康等方面都有着不可忽视的影响。以下是对压力的全面概述，涵盖其定义、来源、影响、类型、应对方法、与健康的关系、管理的重要性以及其对生活质量的影响。

压力通常被定义为个体在面对内部和外部环境要求时，由于感受到威胁或挑战而导致的生理和心理上的紧张反应。它可能是积极的，推动个体进步；也可能是消极的，导致身心健康受损。

压力的来源多种多样，包括但不限于工作责任、人际关系、经济压力、健康担忧、生活变化等，可能来自外部环境（如工作场所、社会环境）或内部环境（如个人期望、自我评价）。压力的影响可能是正面的，如激发人的潜能、提高工作效率；也可能是负面的，如导致焦虑、抑郁、睡眠障碍、身体疾病等。长期的压力还可能导致免疫系统的功能下降，影响身体健康。

根据来源和性质，压力可分为多种类型，如急性压力（如突发事件带来的压力）、慢性压力（如长期工作压力）、良性压力（如挑战性任务带来的压力）和恶性压力（如持续不断的负面事件带来的压力）。

应对压力的方法有很多，如调整心态、寻求社会支持、进行体育锻炼、学习放松技巧（如深呼吸、冥想）、调整生活方式等。此外，进行心理咨询和治疗也是有效的应对压力的手段。

压力与健康之间存在着密切的关系。适度的压力可以激发人的潜能，提高免疫力；然而，长期或过度的压力则可能导致各种身心疾病，如心脏病、高血压、糖尿病、焦虑症、抑郁症等。有效的压力管理对于维护个体身心健康、提高工作效率和生活质量至关重要。通过合理的压力管理，人们可以更好地应对挑战，降低压力的负面影响，促进个人成长和发展。

压力对生活质量的影响是深远的。适度的压力可以激发人的积极性和创造力，提高生活质量；然而，过度的压力则可能导致生活质量下降，影响个体的工作、学习和社交活动。因此，学会合理管理压力是提高生活质量的关键。

由此可见，压力作为一种普遍存在的心理现象，对个体的生活、工作、健康等方面都有着重要的影响。了解和掌握压力的概念、来源、影响、类型、应对方法以及与健康和生活质量的关系，对于个体维护身心健康、提高生活质量具有重要意义。

心理压力是个体在面对各种生活事件、工作任务和个人期望时产生的心理紧张和不适的状态。它不仅与个人的心理状态有关，而且与社会环境、文化背景等因素紧密相连。

当面临心理压力时，个体可能会出现一系列心理和生理反应，如焦虑、抑郁、愤怒、失眠、记忆力下降等。这些反应不仅影响个体的情绪状态，还可能影响他们的行为和生理功能。长期的心理压力会对个体的身心健康产生深远影响。它可能导致心理疾病,如焦虑症、抑郁症等,也会影响个体的生理健康,如增加心脏病、高血压等疾病的患病风险。

在面对心理压力时,社会支持和资源发挥着重要作用。这包括家人、朋友、同事的理解和支持,以及社区、政府等提供的心理健康服务和资源。寻求和利用这些支持和资源,可以帮助个体更好地应对和减轻心理压力。

本书主要分析的是内蒙古大学生的就业心理压力,是大学生面临就业困境时内心所产生的一种持续紧张的心理状态,是其认知、情绪、行为三种基本心理成分的有机结合,表现为不同程度的自卑、恐惧、焦虑、抑郁等。

(二)压力源及应对压力的策略

1. 大学生就业压力源

就业选择压力。大学生在就业过程中,首先面临的是选择压力。面对众多的职业和行业,他们需要在有限的时间里做出决策,选择适合自己的岗位和发展方向。这种选择的不确定性、对未来职业生涯的担忧,都是重要的压力源。

社会期望与自我认知压力。大学生往往承载着家庭和社会的期望,他们对自己的未来有很高的期待。然而,当现实与期望之间存在差距时,他们可能会感到焦虑、沮丧。同时,对自己能力、价值的不确定感也是常见的压力源。

职场适应压力。进入职场后,大学生需要面对新的工作环境、工作内容和人际关系。如何快速适应职场文化,与同事建立良好的关系,完成工作任务,都是他们需要面对的挑战和压力源。

经济与生活压力。就业意味着独立生活,承担经济责任。对于许多大学生来说,他们可能在经济上并不宽裕,需要面对房租、生活费用等压力。同时,工作与生活之间的平衡也是一个挑战。

就业竞争激烈的压力。随着高等教育普及,大学生数量增多,而优质的就业岗位相对有限。这使大学生在求职过程中常常感受到激烈的竞争压力,担心自己无法脱颖而出。

技能匹配不足的压力。大学生在求职时往往发现自己的专业技能与市场需求不完全匹配。这可能是由于其所学课程与市场需求之间的脱节，或者是大学生在校期间未能充分锻炼自己的实践能力。

薪资待遇期望的压力。大学生通常对自己的薪资待遇有一定的期望，然而现实往往与期望存在差距。当期望的薪资待遇无法被满足时，大学生会感到失望和挫败。

职业发展前景的压力。在考虑就业时，大学生往往会关注所选择岗位的职业发展前景。如果认为所选职业发展空间有限或晋升机会不多，他们可能会产生犹豫和担忧。

工作环境考量的压力。工作环境包括公司文化、团队氛围、工作强度等因素。大学生在求职过程中会对这些因素进行考量，如果认为工作环境不佳，他们可能会因此而产生压力。

个人能力评估的压力。大学生在求职过程中会对自己的能力进行评估。如果认为自己在某些方面存在不足，他们可能会感到焦虑和产生压力。

社会经验欠缺的压力。相较于有一定工作经验的求职者，大学生在社会经验方面往往较为欠缺。这种欠缺可能导致他们在求职过程中遇到一些困难，从而增加心理压力。

综上所述，大学生就业心理压力是一个复杂的心理现象，它受到多方面因素的影响。为了减轻这种压力，大学生需要充分准备、理性评估自己和就业市场、调整期望、积累实践经验，并寻求家人、朋友和专业人士的支持与帮助。同时，社会和高校也应关注大学生的就业心理压力问题，为他们提供有效的指导和帮助。

2.大学生应对就业压力的策略

收集与筛选就业信息。在就业过程中，收集和分析信息是至关重要的。大学生可以通过各种渠道获取就业信息，如招聘会、求职网站、社交媒体等。然而，如何筛选和判断信息的真实性、有效性，是一项需要学习和实践的技能。

建立自我认知与职业定位。面对职业选择，大学生需要对自己有清晰的认识，了解自己的兴趣、能力和优势。通过自我评估、职业规划和实习等方式，建立自我认知，明确职业定位，有助于减轻就业压力。

提升职业技能与素质。职场竞争激烈，大学生需要不断提升自己的职业技能和素质，以应对工作中的挑战。通过参加培训课程、学习新知识、参与实践项目等方式，不断提升自己，有助于增强就业竞争力，减轻职场压力。

寻求社会支持与心理调适。面对就业压力，大学生需要学会寻求社会支持，或与家人、朋友、老师、同事等建立良好的沟通渠道，分享自己的困惑和感受。同时，大学生应学会心理调适，如通过运动、音乐、阅读等方式放松自己，缓解压力。

总之，大学生就业中的压力源多种多样，但只要能通过学习、实践、沟通、调适等方式积极应对，就能有效减轻压力，顺利走向职场。

二、大学生就业心理压力的积极影响

尽管长期的、过度的心理压力可能对个体的身心健康产生负面影响，但适度的心理压力却有可能带来一些意想不到的益处。例如适度的压力可以激发个体的潜能，促使人们超越自我，获得更大的成就。在面对挑战和压力时，人们往往需要调动更多的资源和能量来应对，这种过程有助于发掘和锻炼个人的能力。压力可以作为一种激励机制，促使人们更加努力地工作和学习。当面临一定的压力时，人们往往更加明确自己的目标和愿望，从而更加努力地追求这些目标。压力可以促使个体进行自我反思和成长。在面对挑战和压力时，人们往往需要反思自己的行为和决策，这种过程有助于个体发现自己的不足并寻求改进。基于此，大学生就业心理压力的积极影响可以表现为以下六点：

（1）促进个人成长与自我提升。就业心理压力推动大学生进行自我反思和深入探索，以明确自己的职业定位和发展方向。这种压力促使他们主动寻求提升，如通过参加各种培训课程、实习或参与项目等，以增强自身的竞争力。就业心理压力促使大学生更加认真地思考自己的职业方向和发展路径，他们开始关注行业趋势、职位要求和市场需求，从而更加明确地规划自己的职业生涯。这种过程不仅提升了他们的职业规划能力，还有助于他们找到真正适合自己的工作。

（2）增强职业规划和决策能力。明确职业目标是职业规划和决策的基础。在就业心理压力的驱使下，大学生会更加积极地思考自己想要从事的职业类型、工作地点、工作性质等，从而形成一个清晰的职业蓝图；确立职业目标后，接下来就需要制订具体的计划来实现这一目标。大学生在面对就业压力时，会更加自觉地为自己设订短期和长期的目标，并制订实现这些目标的行动计划；就业压力可以促使大学生发掘自身潜在的才能和能力。在面对职业选择和规划时，大学生会发掘自己的潜能，进而更加坚定自己的职业选择，并为发挥这些潜能而努力。

（3）激发创造力和创新能力。为了在竞争激烈的就业市场中脱颖而出，大学生需要发挥创造力和创新能力。适度的压力可以成为激发创新思维的催化剂。当大学生面临就业压力时，他们被迫重新审视自己的能力和潜力，寻找新的解决方法和策略。这种挑战可以激发他们的创新思维，促使他们从不同的角度思考问题，从而产生新的创意和想法。就业压力可以促使大学生更加努力地提升自己，包括学习新技能、拓展知识面、增强实践能力等。这种自我提升的过程不仅使大学生在就业市场上更具竞争力，还能增强他们的自信心和创造力。当个体在某一领域具备更高的专业素养和技能水平时，他们往往能够更好地应对挑战，产生更具创新性的想法和解决方案。

（4）培养坚韧不拔的精神。就业过程中难免会遇到挫折和困难，但正是这些压力和挑战，培养了大学生坚韧不拔的精神。他们学会了如何在困境中坚持，如何面对失败并从中汲取教训。心理压力和坚韧精神之间并非对立关系，而是相互促进、共同发展的关系。一方面，心理压力可以激发大学生的坚韧精神，促使他们在面对困难时更加努力地寻求解决办法和提升自我。另一方面，坚韧精神也能够帮助大学生更好地应对心理压力，使他们保持积极的心态。这种相互促进的关系使大学生在就业准备过程中不仅能够提升自己的能力和素质，还能够形成更加健康、积极的心态。

（5）提升人际交往和团队合作能力。就业心理压力促使大学生更加主动地寻求人际支持和资源。在求职过程中，他们需要与各类人群进行交往，如招聘人员、竞争者、导师等。这种互动不仅要求他们具备良好的沟通技巧，还要求他们能够理解他人的需求和期望。因此，面对就业压力时，大学生通常会更加注重提升自己的人际交往能力，如倾听、表达、解决冲突能力等。在求职和未来的职业生涯中，团队合作能力是一项非常重要的技能。面对就业压力的大学生通常会更加珍惜团队合作的机会，如参与校内外的实习项目、社团活动等。这些经历不仅能够帮助他们建立更良好的人际关系网络，还能够提升他们的团队协作能力，如沟通协调、分工合作、解决冲突能力等。

（6）增强责任感和使命感。面对就业压力，大学生会更加清晰地认识到自己的职业选择和未来发展对于个人成长和家庭幸福的重要性。这种认识促使他们更加认真地对待自己的学业和职业规划，努力提升自己的能力和素质，以便更好地适应社会需求和实现个人价值。同时，他们在求职过程中也会更加积极地展示自己的能力和优势，争取获得更好的就业机会；就业心理压力还可以激发大学生的社会使命感。在求职过程中，大学生会接触各种社会问题和挑战，如社会不公、环境污染等。这些问题和挑战促使他们思考自己的职业选择和发展如何为社会做出贡献。因此，一些大学生会选择投身公益事业、加入社会组织或选择具有社会意义的职业方向，以实现自己的社会使命。面对就业压力，大学生会更加关注社会需求和职业发展趋势。他们会在求职过程中更加积极地了解相关行业和企业的需求和期望，以便更好地调整自己的职业规划和发展方向。这种契合不仅有助于大学生顺利就业，还能够为社会提供更多符合需求的人才，推动社会进步和发展。

三、大学生就业心理压力的消极影响

（一）不利于大学生成功就业

大学生就业心理压力对大学生成功就业的消极影响主要表现在以下五个方面：

（1）决策困难。面临就业选择时，心理压力可能导致大学生在做出职业决策时犹豫不决，难以做出决定。他们可能会过度担心自己的选择是否正确，从而错过一些优质的就业机会。

（2）面试表现不佳。就业心理压力可能使大学生在面试过程中表现得紧张、焦虑，这可能会影响他们的面试表现。他们可能会因为紧张而忘记准备好的答案，或者在回答问题时支支吾吾，从而影响面试官对他们的评价。

（3）职业定位模糊。心理压力可能使大学生对自己的职业定位模糊不清，不知道自己适合从事什么样的工作。这可能导致他们在选择职业时盲目跟风，或者选择一些并不适合自己的职业。

（4）自我怀疑和自信心下降。如前所述，就业心理压力可能使大学生产生自我怀疑和自信心下降。这种情绪可能使他们在面对就业机会时缺乏自信，不敢主动争取，从而错失良机。

（5）影响工作态度和职业发展。心理压力可能导致大学生在就业后对工作产生消极态度，如缺乏工作热情、对工作不负责任等。这可能会影响他们的职业发展，甚至导致职业失败。

因此，大学生就业心理压力对大学生成功就业的消极影响不容忽视。为了缓解这种压力，大学生需要积极寻求帮助和支持，如参加职业咨询、寻求心理辅导等，以保持良好的心理状态和就业状态。同时，高校和社会也应该加强对大学生的就业指导和心理支持，帮助他们更好地应对就业压力，实现成功就业。

(二)不利于大学生实现人生价值

大学生就业心理压力对大学生实现人生价值的消极影响主要表现在以下四个方面:

(1)阻碍个人成长和发展。就业心理压力可能使大学生过分关注就业问题,而忽视了个人的全面成长和发展。他们可能因过度追求职业成功,而忽视了自我提升、人格塑造、社会交往等其他重要的人生方面。这种偏重物质追求而忽视精神成长的状态,可能会阻碍他们实现更高层次的人生价值。

(2)导致价值观扭曲。就业压力可能使大学生形成功利性的价值观,将职业成功视为衡量人生价值的唯一标准。他们可能过分追求金钱、地位等物质利益,而忽视了家庭、友情、爱情、健康等其他重要的人生价值。这种扭曲的价值观可能导致他们忽视人生的其他重要方面,从而无法全面实现人生价值。

(3)降低生活质量和幸福感。就业心理压力可能使大学生对生活产生消极态度,感到生活缺乏乐趣和满足感。他们可能过分焦虑于就业问题而忽视了生活中的美好事物和幸福感受。这种状态可能导致他们无法实现自己的人生目标,也无法体验到生活的真正意义和价值。

(4)忽视社会责任感和奉献精神。就业心理压力可能使大学生过分关注个人利益,而忽视了社会责任和奉献精神。他们可能只关注自己的职业发展和经济利益,而忽视了为社会做出贡献。这种状态可能导致他们无法实现自己的人生使命,也无法体验到为他人和社会带来福祉的快乐和满足感。

因此,大学生就业心理压力对大学生实现人生价值的消极影响是多方面的。为了克服这些影响,大学生需要树立正确的价值观和人生观,关注个人成长和发展,追求全面的人生价值,同时也需要承担社会责任和弘扬奉献精神,为社会做出积极贡献。

(三)不利于大学生身心全面发展

大学生就业心理压力对大学生身心全面发展的消极影响主要体现在以下五个方面:

（1）心理健康问题。如前所述，就业心理压力可能引发大学生的焦虑、抑郁等情绪问题，甚至导致失眠、记忆力衰退等生理症状。这些问题可能进一步影响大学生的日常生活、学习和社交活动，阻碍他们的身心全面发展。

（2）身体健康问题。长期的心理压力可能导致大学生的免疫力下降，易患感冒、头痛等疾病。此外，过度的精神压力还可能引发胃病、失眠等身体症状，进一步影响大学生的身体健康。

（3）个人发展受限。就业心理压力可能使大学生过分关注职业问题，而忽视个人在兴趣爱好、学术研究、社交技能等方面的发展。这种偏重物质追求而忽视精神成长的状态，可能导致他们在个人发展上受限，无法全面实现个人价值。

（4）社交能力下降。就业心理压力可能使大学生在社交场合表现得紧张、不自信，从而影响他们的社交能力和人际关系。长期的社交障碍可能导致他们缺乏社交技巧和支持网络，进一步影响他们的身心全面发展。

（5）生活质量下降。就业心理压力可能使大学生对生活产生消极态度，感到生活缺乏乐趣和满足感。他们可能无法享受生活中的美好事物，也无法体验到生活的真正意义和价值，导致生活质量下降。

综上所述，大学生就业心理压力对大学生身心全面发展的消极影响不容忽视。为了促进大学生的身心全面发展，学校、社会、政府需要关注他们的就业心理压力问题，提供必要的心理支持和帮助，鼓励他们关注个人成长、兴趣爱好、社交技能等其他方面的发展，实现个人价值。

第二节 内蒙古大学生就业心理压力的表现和原因分析

一、内蒙古自治区区域经济对大学生就业心理压力的影响

（一）内蒙古自治区经济发展概况

内蒙古自治区作为中国的省级行政区，其经济发展概况对当地大学生就业心理压力的影响不容忽视。近年来，内蒙古自治区的经济总量持续增长，但相较于全国其他地区，其经济规模仍相对较小。这种经济总量的相对不足可能对大学生的就业机会产生一定的影响。在内蒙古自治区，经济增长主要依赖于重工业和资源型产业，如煤炭、钢铁、能源等。这些产业在一定程度上为当地大学生提供了就业机会，但也面临着市场竞争激烈、资源枯竭等风险，从而增加了大学生的就业心理压力。

内蒙古自治区的产业结构以重工业和资源型产业为主导，这种产业结构特点可能导致某些专业的就业市场供需失衡。例如，对于一些与重工业和资源型产业相关的专业，如机械工程、采矿工程等，就业机会可能相对较多；而对于一些其他专业，如文学、艺术等，就业机会可能相对较少。这种产业结构的特殊性使部分大学生在寻找工作时面临更大的竞争压力和心理负担。

此外，内蒙古自治区的产业结构还受到国内外经济形势的影响。当全球经济形势不佳时，重工业和资源型产业可能受到冲击，导致当地大学生的就业机会减少。因此，大学生需要密切关注国内外经济形势的变化，以便及时调整自己的就业策略。

为了缓解大学生的就业心理压力，内蒙古自治区政府出台了一系列就业政策。这些政策旨在通过提供就业补贴、创业扶持等措施，促进大学生的就业和

创业。例如，政府提供一定的就业补贴，鼓励企业招聘大学毕业生；同时，政府还通过提供创业贷款、制定税收优惠政策等支持大学生创业。

然而，这些政策的实际效果如何，以及它们如何影响大学生的就业心理压力，仍需进一步研究和探讨。一方面，政策的实施需要一定的时间才能看到明显的效果；另一方面，不同政策对不同大学生的影响也可能存在差异。因此，政府需要不断完善和调整就业政策，以更好地满足大学生的就业需求。

根据内蒙古自治区的经济发展概况和产业结构特点，大学生需要采取积极的应对策略来减轻就业心理压力。首先，大学生需要了解自己所学专业的就业市场状况，以便及时调整自己的职业规划。其次，大学生需要不断提升自己的综合素质和专业技能，以提高自己的就业竞争力。最后，大学生还可以积极参加各种实践活动和社团组织，以扩展自己的人脉资源和提高实践能力。

同时，政府、高校和社会各界也需要共同努力，为大学生提供更多的就业机会和创业支持。政府可以加大对中小企业的扶持力度，促进经济发展；高校可以加强与企业的合作，为学生提供更多的实习和就业机会；社会各界可以积极促进大学生就业创业，为大学生提供更多的帮助和支持。

总之，内蒙古自治区的经济发展情况对大学生就业心理压力的影响是多方面的。大学生需要了解自己所学专业的就业市场状况，积极提升自己的综合素质和专业技能，同时政府、高校和社会各界也需要共同努力，为大学生提供更多的就业机会和创业支持。只有这样，才能有效地减轻大学生的就业心理压力，提高他们的就业竞争力。

（二）区域经济与大学生就业心理压力的关联分析

区域经济对大学生就业心理压力的影响是复杂的，特别是在经济发展与就业市场之间的关联分析方面。为了深入探究这一现象，我们首先需要理解经济增长、产业结构与就业市场之间的基本关系。

经济增长是区域经济发展的核心目标，它反映了区域内经济活动的总体规模和效益的提升。随着经济的增长，企业的规模和数量通常会扩张，从而为就业市场提供更多的就业机会。这种经济增长带来的就业机会的增加，无疑对缓解大学生的就业心理压力具有积极作用。当经济增长速度过快时，可能导致就业市场的供需失衡。此时，虽然就业机会在增加，但大学生所面临的竞争压力也在迅速上升。他们需要不断提升自身的能力，以适应市场需求，这无疑增加了他们的心理压力。

产业结构的调整和优化会对就业市场产生深远影响。随着科技的发展，一些传统产业可能会逐渐衰退，而高新技术产业则会迅速崛起。这种产业结构的调整意味着就业市场的需求也在发生变化。大学生需要不断适应新的市场需求，提升自己在高新技术领域的竞争力，以应对可能出现的就业压力。这种转型过程往往伴随着巨大的心理压力，因为他们需要同时面对未知的市场环境和激烈的竞争。

区域经济的发展水平会对大学生就业心理压力产生影响。在经济发展水平较高的地区，企业的数量和规模通常更大，从而提供了更多的就业机会。这些地区往往拥有更完善的教育和培训资源，可以帮助大学生提升自身能力，更好地适应市场需求。这些地区的竞争压力也往往更大，大学生需要面临更高的就业门槛和更激烈的竞争环境。

值得注意的是，区域经济的发展对大学生就业心理压力的影响并不是单向的。大学生的就业选择和行为也会对区域经济的发展产生影响。例如，当某些行业的就业市场供过于求时，大学生可能会选择转向其他行业或地区寻找就业机会，从而间接影响区域经济的结构和布局。

（三）区域经济对大学生就业心理压力的影响及应对

区域经济对大学生就业心理压力的影响是复杂且多维度的。这种影响在内蒙古自治区尤为明显，该地区的经济总量相对较小，产业结构相对单一，这直接影响了大学生的就业机会和职业发展前景。

从就业机会的角度来看，区域经济的局限性使一些专业的毕业生在求职过程中面临更大的竞争压力。由于岗位数量有限，大学生不得不面临更激烈的竞争环境，这无疑增加了他们的心理压力。同时，由于产业结构单一，一些专业的毕业生可能发现自己在求职市场上找不到合适的岗位，这进一步加剧了他们的就业心理压力。

薪资水平的差异也对大学生的就业心理产生影响。不同地区的经济发展水平不同，导致同一专业的大学生在不同地区的薪资水平存在差异。这种差异可能使一些大学生感到不公平或失落，增加了他们的就业心理压力。特别是在内蒙古自治区这样的经济总量相对较小、发展水平相对落后的地区，大学生对薪资的期望与现实之间的差距可能更大，从而加重了他们的心理压力。

职业发展前景的不确定性也是影响大学生就业心理压力的重要因素。由于区域经济的发展具有不确定性，大学生可能对职业发展的前景感到担忧。他们可能担心自己的职业道路是否稳定可靠，自己能否在未来获得更好的发展机会。这种不确定性使大学生在选择职业时更加谨慎和焦虑，进一步增加了他们的就业心理压力。

为了缓解这种压力，政府、高校和社会各界需要共同努力。政府应通过优化产业结构、提高经济发展水平等措施来创造更多的就业机会和提高大学生的薪资水平。同时，政府还应加强对大学生的就业指导，帮助他们更好地了解就业市场和做好职业规划。高校也应对此承担责任，通过提高教育质量、加强实践教学等方式提高大学生的就业竞争力。此外，社会各界也应积极促进大学生就业，为大学生提供更多的实习机会和职业发展资源。

大学生自身也需要积极调整心态，增强就业竞争力。首先，大学生应树立正确的就业观念，认识到就业是一个双向选择的过程，不仅要考虑自己的兴趣和专业背景，还要关注市场需求和就业前景。其次，大学生应不断提升自己的综合素质和专业技能，通过参加实习、志愿服务等方式积累实践经验，提高自己的就业竞争力。最后，大学生还应学会合理规划自己的职业道路，制订明确的职业目标和计划，避免盲目跟风和盲目选择。

除了个人层面的努力，大学生还可以通过参加就业指导课程、职业规划讲座等活动来了解就业市场和求职技巧。这些活动可以帮助大学生更好地了解市场需求、掌握求职技巧、提高面试表现。此外,大学生还可以通过参加社团组织、志愿服务等方式拓展自己的人脉和社交圈子,为自己的职业发展打下良好的基础。

综上所述,区域经济对大学生就业心理压力的影响是复杂且多维度的。为了缓解大学生就业心理压力,政府、高校和社会各界需要共同努力,通过优化产业结构、提高经济发展水平、加强就业指导等措施为大学生创造更好的就业环境和更多的职业发展机会。同时,大学生自身也需要积极调整心态、增强就业竞争力,以更好地应对就业市场的挑战。只有这样,才能有效减轻大学生的就业心理压力,促进他们顺利就业并实现个人职业发展目标。

二、内蒙古自治区教育水平对大学生就业心理压力的影响

(一)内蒙古自治区高等教育发展现状

内蒙古自治区的高等教育近年来展现出显著的进步和积极的发展态势,其成果不但在教育领域内部产生深远影响,而且对地方经济和社会发展起到了重要的推动作用。在完善教育体系方面,内蒙古自治区通过持续的努力和投入,已经建立起一个多元化、综合性的高等教育体系。这个体系涵盖文、理、工、农、法、管理、教育等多个学科领域,为各类专业的教育需求提供了全面支持。这不仅彰显了内蒙古自治区在教育领域的坚定投入和不懈努力,更反映了其对于多元化、全面发展的人才培养的高度重视。

在提升教育质量方面,内蒙古自治区通过增加教育投入和推进教育教学改革,取得了显著成果。教学设施等硬件条件得到了明显改善,为高等教育质量的提升奠定了坚实基础,教育理念、教学方法、师资力量等软件条件的创新也为提升教育质量注入了新的活力。这些举措共同促进了地区经济和社会的发展,为内蒙古自治区提供了坚实的人才保障。

在提高国际化程度方面,内蒙古自治区的高等教育积极响应全球化趋势,

积极推进国际化进程。通过与国外高校开展合作办学、互派留学生等方式，有效提升了学生的国际视野和跨文化交流能力。这一举措不仅有助于培养具有国际竞争力的人才，也为内蒙古自治区的高等教育带来了新的发展机遇和挑战。国际化进程的推进也促进了学术交流和合作，提升了内蒙古自治区高等教育在国际舞台上的影响力和竞争力。

内蒙古自治区的高等教育还注重与地方经济和社会发展紧密结合。通过调整专业设置、优化课程结构等方式，使高等教育更加贴近地方需求和发展实际。这种"接地气"的教育模式不仅提高了学生的就业竞争力和适应能力，也为地方经济和社会发展提供了有力的人才支持。

在师资队伍建设方面，内蒙古自治区的高等教育也取得了显著成就。通过引进优秀人才、加强教师培训等方式，不断提升教师队伍的整体素质和教学水平。还注重激发教师的创新精神和教学热情，为他们提供良好的工作环境和发展空间。这些举措为提升高等教育质量提供了有力保障。

在科研创新方面，内蒙古自治区的高等教育也取得了重要突破。通过加大对科研项目的投入和支持力度，鼓励师生积极参与科研活动和创新实践，这不仅提升了学校的科研水平和创新能力，也为地方经济和社会发展提供了有力的科技支撑和服务。

内蒙古自治区的高等教育还注重对外交流与合作。通过参加国内外学术会议、开展合作项目等方式，积极与国内外高校和科研机构建立合作关系。这些交流与合作不仅有助于提升学校的学术水平和国际影响力，也为师生提供了更广阔的发展空间和机会。

内蒙古自治区的高等教育在完善体系、提升质量、提高国际化程度等方面展现出了积极态势。这些成就的取得是内蒙古自治区在教育领域持续投入和努力的结果，也是其对于培养多元化、全面发展的人才的高度重视的体现。未来，随着教育改革的不断深入和社会需求的不断变化，内蒙古自治区的高等教育将面临新的机遇和挑战。相信在各级政府和社会各界的共同努力下，内蒙古自治区的高等教育一定能够继续保持积极的发展态势，为地方经济和社会发展做出更大的贡献。

（二）教育水平与大学生就业能力的关系

在教育水平对大学生就业心理压力的影响研究中，教育水平作为核心要素，对大学生的就业能力起着决定性作用。深入分析其内在联系，我们不难发现教育水平在知识储备、实践能力和创新能力等方面对大学生就业能力产生显著影响。

第一，教育水平的高低直接关系大学生的知识储备。较高的教育水平意味着大学生在学术上进行了更为广泛和深入的知识学习，这种学习不仅包括专业知识，更包括跨学科的学习和理解能力。这种全面的知识储备使大学生在面对多元化的工作环境时，能够迅速适应并展现较强的就业竞争力。同时，他们也能够运用跨学科的知识和方法，解决工作中遇到的各种复杂问题，从而在职场中脱颖而出。

第二，教育水平对大学生的实践能力具有重要影响。随着教育水平的提高，大学生在实践课程中积累了更为丰富的实践经验。通过参与实验、项目研究等实践活动，他们不仅能够将所学理论知识应用于实际，更能够提升解决实际问题的能力。这种实践能力的提升，使大学生在面对职场挑战时更加游刃有余，能够快速融入团队并适应工作需求。

第三，受教育水平较高的大学生通常具备更开放的思维方式，善于处理复杂问题，并具备较强的创新能力。在教育过程中，他们不仅学习了专业知识，更培养了独立思考和解决问题的能力。这种创新能力不仅体现在对新技术的掌握和运用上，更体现在对经济和社会发展的敏锐洞察和应对上。在面对快速变化的工作环境和职场需求时，他们能够以更加开放的姿态和应用创新思维来解决问题，推动事业的发展。

值得注意的是，在教育水平不断提高的背景下，大学生也应更加注重自身综合素质的提升。除了学习专业知识，大学生还应注重培养自己的实践能力、沟通能力和团队协作能力等多方面的素质。这些素质的提升将有助于他们更好地适应职场需求，实现个人价值。

教育水平对大学生就业能力的影响是多方面的，包括知识储备、实践能力和创新能力等方面。在教育水平不断提高的背景下，大学生应不断提升自身综合素质，以更好地适应职场需求并实现个人价值。同时，高校也应注重培养大学生的实践能力和创新能力，为他们未来的职业发展奠定坚实的基础。

对于大学生而言，面对教育水平提高所带来的挑战和机遇，他们还需要关注自身的心理健康。就业心理压力是大学生在求职和就业过程中常见的心理问题之一。为了有效应对这一问题，大学生可以积极参加各类心理健康教育和辅导活动，加深自我认知和提升心理调适能力。同时，他们还可以寻求专业心理咨询师的帮助，通过心理咨询和疏导来缓解就业心理压力。

高校应当重视大学生的心理健康教育，将心理健康教育纳入课程体系，为大学生提供全面的心理支持和服务。此外，高校还可以与企业合作，共同开展实习实训项目，为大学生提供更多的实践机会和职业发展资源。通过这些措施，高校可以为大学生的职业发展创造更加有利的环境和条件。

随着教育水平的提高和职场需求的不断变化，社会对大学生就业能力的要求也将不断调整和升级。因此，大学生需要不断学习并提升自己的综合素质，以适应不断变化的职场环境。同时，高校也需要不断创新和改进教育模式和方法，为大学生提供更加优质的教育资源和服务。

总之，教育水平对大学生就业能力的影响是深远的。通过提升教育水平、注重培养实践能力和创新能力以及关注心理健康等，高校可以为大学生的职业发展创造更加有利的环境和条件。在这一过程中，大学生、高校需要共同努力和协作，以实现教育与社会需求的有机结合，为培养更多优秀人才做出积极的贡献。

（三）教育水平对大学生就业心理压力的影响与应对

在教育水平不断提升的社会背景下，大学生就业心理压力的问题愈发凸显。这种心理压力的来源是多元化的，与大学生的学历期望、竞争压力及职业定位等多个方面紧密相关。深入探讨教育水平如何影响这些方面，对于理解并缓解大学生的就业心理压力具有重要意义。

随着教育水平不断提高，大学生的学历期望普遍上升。他们渴望通过接受更高层次的教育来获得更好的职业前景和更广阔的发展空间。然而，这种期望与现实的就业市场之间存在着一定的差距。当大学生发现自己的学历与实际职位要求不匹配时，他们可能会自我质疑和产生焦虑。这种焦虑不仅来源于对个人能力的担忧，更在于对未来职业发展前景的不确定性。这种不确定性会导致大学生在就业市场上更犹豫和迷茫，进一步加重其心理压力。

竞争压力是另一个影响大学生就业心理压力的重要因素。随着高等教育普及率的提高，大学生人数不断增加，就业市场的竞争日益激烈。在这种情况下，受教育水平较高的大学生往往面临着更大的竞争压力。他们不仅要与同等教育水平的人竞争，还要与拥有更高学历或更丰富实践经验的人竞争。这种竞争不仅要求大学生具备扎实的专业知识和技能，还要求他们具备良好的综合素质和创新能力。为了脱颖而出，大学生需要付出更多的努力和时间，这无疑增加了他们的心理压力。

职业定位对于大学生就业心理压力的影响同样不容忽视。受教育水平较高的大学生往往对自己的职业发展有更高的期望和目标。然而，在现实的就业市场中，他们可能会发现自己的专业知识和技能无法得到充分发挥。这种理想与现实的落差会导致大学生感到迷茫和焦虑。他们开始质疑自己的职业选择和发展方向，担心自己无法实现职业目标或无法在社会中获得认可。这种迷茫和焦虑不仅会影响大学生的心理健康，还可能阻碍他们的职业发展。

为了有效缓解大学生的就业心理压力，高校和社会各界需要采取一系列措施。

第一，高校应进一步加强教育教学改革，提高教育质量和毕业生的综合素质，通过加强实践教学和培养创新能力，帮助学生更好地适应市场需求和就业竞争。同时，高校还应提供有效的就业指导服务，帮助学生了解自己的优势和不足，制定合理的职业规划和目标。

第二，政府和社会各界应加大对就业市场的监管和支持力度。通过完善相关法律法规和政策措施，为大学生提供更多的就业机会和更大的创业空间。同时，政府还应加强对企业的引导和监督，推动企业提高用人标准和福利待遇，为大学生创造更好的就业环境。

第三，大学生自身也应积极调整心态，理性面对就业市场。大学生应树立正确的学历观和就业观，避免盲目追求高学历和名校背景。同时，大学生还应注重提升自己的综合素质和实践能力，增强自己的竞争力和适应能力。在职业定位方面，大学生应充分了解自己的兴趣、特长和价值观，选择适合自己的职业方向和发展道路。

教育水平对大学生就业心理压力的影响是多维度且深远的。为了有效缓解这种压力，需要高校、政府、社会各界及大学生自身的共同努力。通过加强教育教学改革、完善就业市场环境和调整个人心态等多方面的措施，大学生可以更好地应对就业挑战和压力，实现个人价值和社会发展的双赢。在这个过程中，高校还应关注大学生的心理健康问题，提供必要的心理支持和辅导。通过帮助大学生建立积极的心态和应对策略，为他们的职业发展奠定坚实的基础，也为社会的和谐稳定做出贡献。

三、内蒙古自治区社会文化因素对大学生就业心理压力的影响

（一）内蒙古自治区社会文化环境分析

内蒙古自治区的社会文化环境对大学生就业心理压力的影响是一个多维度且复杂的议题。这一地区以其多元民族文化为特色，其中蒙古族文化占据主导地位，并与汉族、满族、回族等民族文化相互融合，共同构建了独特的社会文化现象。这种文化的交融为大学生提供了丰富的文化体验，使他们能够接触多元化的价值观和生活方式，从而拓宽了他们的视野和思维方式。然而，这种文

化的多元性也可能引发文化认同的困惑和心理压力，使大学生在就业过程中面临更多的挑战和不确定性。

同时，内蒙古自治区也面临着传统与现代价值观冲突的影响。传统价值观强调家庭、稳定和社会责任，而现代价值观则更加注重个人发展、自我实现和追求幸福。这种价值观的冲突在大学生就业过程中表现得尤为突出。一方面，大学生希望追求个人的梦想和事业成功，实现自我价值；另一方面，他们也面临着家庭和社会的期望和压力，需要在追求个人发展的同时承担起相应的社会责任。这种价值观的冲突可能导致大学生在就业选择时感到迷茫和焦虑，需要他们在个人梦想与社会期望之间找到平衡点。

在这种社会文化背景下，内蒙古自治区的大学生就业心理压力问题不容忽视。为了有效应对这些压力和挑战，需要多个层面共同努力。政府和社会应该加强对多元文化的理解和尊重，推动不同民族文化之间的交流与融合，为大学生创造更加包容和开放的就业环境。同时，学校和家庭也应该关注大学生的心理健康状况和成长需求，提供必要的心理支持和引导，帮助他们形成正确的价值观和就业观念。

此外，针对宗教信仰对大学生就业心理的影响，我们需要加强对宗教文化的研究和理解，促进宗教文化与现代社会发展的和谐共生。一方面，我们应该尊重每个人的宗教信仰自由，避免将宗教信仰与就业选择相挂钩；另一方面，我们也应该引导大学生理性看待宗教信仰与职业发展之间的关系，避免盲目和过度依赖。

在应对传统与现代价值观冲突方面，我们需要倡导一种平衡和谐的发展理念。既要尊重传统价值观中的家庭观念和社会责任，也要关注现代价值观中的个人发展和自我实现。通过教育和引导，帮助大学生树立正确的价值观和就业观念，使他们在追求个人梦想的同时也能够承担起相应的社会责任。

为了具体探讨内蒙古自治区社会文化环境对大学生就业心理压力的影响程度及其作用机制，我们还需要进行一系列实证研究。例如，通过问卷调查、访谈和案例分析等方法收集数据和信息，分析大学生在就业过程中面临的心理压力来源和影响因素。同时，借鉴国内外相关研究成果和经验教训，为内蒙古自治区的大学生就业工作提供有益参考和借鉴。

在实证研究的基础上，我们还需要制定和实施相应的政策和措施。例如，加强对大学生的心理健康教育和心理辅导，帮助他们提高心理素质和应对能力；优化就业服务体系和创业扶持政策，为大学生提供更多的就业机会和创业机会；此外，加强与企业和社会的合作与交流，推动产学研一体化发展，为大学生提供更多的实践机会和更广阔的职业发展平台。

（二）社会文化因素与大学生就业心理的关系

在探讨社会文化因素与大学生就业心理关系时，我们需要深入剖析这些外部因素如何影响大学生的就业决策过程，进而对其就业心理产生深远影响。在此，我们聚焦于就业观念的塑造过程和社会角色期待对大学生就业心理的影响。这些社会文化因素通过不同的渠道和机制，共同作用于大学生的就业观念，从而影响他们的职业选择、就业态度和心理预期。

家庭作为个体成长的首要环境，其影响不容忽视。父母的教育方式、职业期望等因素，都在无形中塑造着大学生的就业观念。例如，父母对子女职业的期望往往基于自身的社会经验和价值观，这种期望可能在一定程度上限制了大学生的职业选择范围，给他们带来一定的心理压力。

学校教育在就业观念塑造过程中同样发挥着重要作用。课程设置及校园文化等因素都可能影响大学生的就业观念。例如，一些高校注重培养学生的实践能力和创新精神，鼓励学生尝试不同的职业道路，这有助于他们形成更为开放和多元的就业观念。相反，一些高校过于注重理论教育，缺乏对学生职业规划和就业能力的指导，这可能导致学生在就业市场上缺乏竞争力，从而产生就业焦虑和心理压力。

社会环境是塑造大学生就业观念的重要因素。社会经济发展状况、劳动力市场需求及政策导向等因素都可能影响大学生的就业心理。例如，在经济转型升级的背景下，一些传统行业的就业机会逐渐减少，而新兴行业的迅速发展给大学生的就业选择带来了新的挑战和机遇。另外，社会对某些职业的刻板印象和偏见也可能影响大学生的职业选择，使他们在某些领域面临更大的就业心理压力。

除了就业观念的塑造过程，社会角色期待也对大学生就业心理产生影响。在不同的社会文化背景下，人们对大学生的社会角色有着不同的期待。这些期待可能来源于家庭、学校、社会等多个方面，给大学生带来了潜在的心理压力。例如，在一些家庭中，父母可能期望子女成为医生、律师等社会地位较高的职业人士，这种期待可能使大学生在进行就业决策时面临更多的困惑和挑战。社会对大学生的期待也体现在对其能力、素质等方面的要求上，这些要求可能使大学生在求职过程中感到焦虑和压力。

社会文化因素不仅影响大学生的就业观念，还在一定程度上塑造着他们的就业心理。社会文化因素可能导致大学生在就业过程中产生不同的心理反应，如自信、焦虑、迷茫等。这些心理反应进一步影响着他们的就业决策和职业发展路径。

为了更全面地理解社会文化因素在大学生就业心理中的作用，就需要关注这些因素如何影响大学生的职业选择和就业决策。通过深入研究和分析，我们发现社会文化因素在一定程度上限制了大学生的职业选择范围，同时也影响着他们的就业决策过程。这种影响可能表现为大学生在职业选择上的盲目跟风、对某些行业的过度热衷或排斥等现象，这些现象可能对大学生的职业发展产生不利影响。

社会文化因素在大学生就业心理中扮演着重要角色。社会文化环境通过塑造大学生的就业观念、影响社会角色期待以及与影响大学生就业心理等方式，对大学生的就业决策和职业发展产生深远影响。在探讨大学生就业心理问题时，我们需要充分考虑社会文化因素的作用，以便更全面地理解大学生的就业心理压力和困境，为相关研究和实践提供有价值的参考。

在未来的研究中，我们将进一步探讨如何通过有效的教育和指导，帮助大学生形成更为开放和多元的就业观念，提高他们的就业心理素质和竞争力。我们也需要关注社会文化因素的变化趋势，以便及时调整我们的研究和实践策略，更好地应对大学生就业过程中面临的挑战和问题。

（三）社会文化因素对大学生就业心理压力的影响与应对

在社会文化的大背景下，大学生就业心理压力的形成与演变是一个复杂而多维的过程。这一过程中，家庭期望、社会竞争及文化认同等多重因素相互作用，共同塑造了大学生在职业选择和发展道路上的心理体验。

家庭期望，作为传统文化和社会价值观的重要载体，对大学生的心理压力产生着深远的影响。在许多情况下，家庭的期望和子女的个人追求并不总是相吻合。传统的家庭期望更强调职业的稳定性、社会地位和经济回报，而年轻一代则可能更加看重个人兴趣、成长空间和职业发展前景。这种家庭期望与个人追求之间的矛盾，使大学生在就业决策时面临巨大的心理压力，需要在满足家庭期望和实现自我价值之间找到平衡点。

与此同时，社会竞争的加剧也增大了大学生的就业心理压力。在高度竞争的就业市场中，大学生不仅需要具备扎实的专业知识和技能，还需要拥有良好的人际交往能力和心理素质。然而，面对日益严峻的就业形势和可能遇到的失败与挫折，许多大学生可能会感到焦虑、不安和失落。这种心理压力不仅影响了他们的就业决策和职业发展，还可能对他们的身心健康造成潜在的威胁。

文化认同与就业选择之间的冲突也加重了大学生就业心理压力。文化认同是个体对自身所属文化的认同感和归属感，它反映了个体的价值观和生活方式。而就业选择则是个体根据自身条件和社会需求做出的职业决策。当文化认同与就业选择发生冲突时，大学生可能会感到困惑和迷茫。例如，传统文化强调忠诚、稳定和服从，而现代职业观念则更加注重创新、自由和竞争。这种冲突使大学生在就业过程中产生了心理压力，影响了他们的就业决策和生活轨迹。

为了缓解这些心理压力，家庭、学校、社会和大学生自身需要共同努力。

第一，家庭应该尊重子女的个人追求和职业选择，给予他们更多的理解和支持。家长应该与子女进行充分的沟通和交流，了解他们的职业理想和发展规划，帮助他们找到适合自己的职业道路。同时，家庭也应该营造一个积极、健康的成长环境，培养子女的自信心和抗挫能力。

第二，学校和社会应该加强对大学生的职业指导和心理支持。学校可以通过开设职业规划课程、举办就业指导讲座等方式，帮助学生了解就业市场和职业发展的趋势和方向。同时，学校还可以建立心理咨询中心或心理辅导团队，为学生提供个性化的心理支持和咨询服务。社会各界也应该积极支持大学生就业，为他们提供更多的实习机会和职业发展资源。

第三，大学生自身也应该积极面对就业心理压力的挑战。他们可以通过自我反思和制定职业规划，明确自己的职业目标和发展方向。同时，他们也可以积极参加各种社会实践活动和志愿服务活动，提升自己的综合素质和实践能力。在面对压力和挫折时，大学生应该保持积极的心态和乐观的情绪，相信自己的能力和价值，勇于面对挑战和困难。

社会文化因素对大学生就业心理压力的影响是多方面的、复杂的。为了缓解这种压力，家庭、学校、社会及大学生自身等需要共同努力。只有这样，大学生才能更好地应对就业过程中的心理挑战，实现个人的职业理想和社会的发展目标。同时，我们也应该认识到，就业心理压力的缓解并不是一蹴而就的过程，需要持续的努力和关注。因此，学校、社会等应该建立长效的机制和体系，为大学生的职业发展提供全方位的支持和服务。

第五章　内蒙古大学生就业状况调查研究

第一节　内蒙古自治区高校大学生就业行为

一、毕业生总体情况

截至 2023 年 8 月 31 日，内蒙古自治区 2023 届普通高校毕业生总数达到 161125 名，同比增长 9 个百分点。这一增长反映了内蒙古自治区高等教育规模的持续扩大和人才培养力度的加强。

二、就业情况概览

已就业的毕业生中，高达 77.43% 的毕业生选择留在自治区内就业，较 2022 年提升了近 5 个百分点。这一数据表明，内蒙古自治区的经济发展环境吸引了大量本地毕业生，同时也反映出毕业生对家乡发展的信心和支持。

三、就业质量分析

（1）专业对口度：总体专业对口度达到 76.07%，与 2022 年基本持平。这表明大部分毕业生能够找到与自身专业相符的工作岗位，高校专业设置与社会需求之间存在较高的匹配度。

（2）工作满意度：工作满意度高达94.79%，显示出毕业生对目前工作的普遍认可。这既是对毕业生个人能力的肯定，也反映了用人单位对毕业生的满意度。

（3）职业期待吻合度：职业期待吻合度为88.07%，较2022年提高近2个百分点。这表明毕业生在求职过程中能够更准确地定位自己的职业发展方向，并找到与自身期待相符的工作岗位。

（4）工作稳定度：工作稳定度达到83.59%，较2022年提高近4个百分点。这体现了毕业生就业岗位的稳定性增强，也反映出用人单位对人才的重视程度。

四、就业地域与行业分布

（1）地域分布：内蒙古自治区内就业地点主要集中在呼和浩特市、包头市、鄂尔多斯市等经济较发达城市；内蒙古自治区外就业地点则主要集中在北京市、山东省、陕西省等经济发展较好的地区。不同学历层次的毕业生在就业地域选择上均以内蒙古自治区内为主，其中研究生、本科生和专科生在内蒙古自治区内就业的比例分别为64.31%、73.94%和82.95%。

（2）行业分布：毕业生就业行业以制造业、教育行业等传统领域为主。其中，研究生在教育行业的就业占比最高，达到19.29%；本科生和专科生则主要在制造业就业，占比分别为13.07%和13.04%。这一分布反映了内蒙古自治区产业结构的特点和用人单位对不同学历层次人才的需求。

总体来看，内蒙古自治区2023届普通高校毕业生就业质量保持较高水平，专业对口度、工作满意度、职业期待吻合度和工作稳定度均有所提升。未来，内蒙古自治区应继续促进高等教育与经济社会发展的紧密结合，优化专业设置和人才培养方案，提升毕业生就业竞争力；同时，加强就业指导和服务工作，引导毕业生根据自身实际做出合理选择，促进人才合理流动和优化配置。

第二节 调查问卷设计

一、研究方法

（一）描述法

本书通过描述法对内蒙古地区近5年大学毕业生的整体就业状况，以及大学生就业问题中就业政策的状况进行了简要描述，分析出近5年蒙古地区大学生就业中面临的问题以及政府职责与大学生就业的关系，进而进一步探究内蒙古地区的就业政策对于大学生就业的作用。

（二）问卷调查法

以内蒙古地区典型高校学生为调查对象，于2022年10月份通过线上发放调查问卷，采用随机抽样的方法调查了400名内蒙古地区大学生。主要调查了解内蒙古地区大学毕业生就业的相关政策、制度及实施情况，并对调查搜集到的大量资料进行分析、综合、比较和归纳。

（三）定性与定量结合方法

本书将对问卷调查法获得的资料，进行尽可能详尽规范的数理统计、归纳和分析，通过分析数据加深研究的深度和力度，做到定性和定量相结合、理论和实际相结合、实证和规范相结合，以获得更科学、真实的研究结果。

总之，本书在研究方法上力求将对相关理论概念的阐释和对实践的概括总结结合起来，通过规范化的理论与实证分析、数理与经验分析、定性与定量分析，来揭示和剖析内蒙古地区大学生就业的相关问题。

二、创新点

第一，本书运用系统理论与方法，相较于以往对大学生就业问题的综合研究，本研究侧重于从政府职责及公共政策的视角出发，以内蒙古地区本科大学生为研究对象，分析了就业相关公共政策在内蒙古大学生就业中的作用。

第二，内蒙古地区属于民族自治地区，大学生就业问题具有其特殊性，另外，内蒙古地区无论是在经济发展、地理位置、教育资源还是就业资源方面都相对落后，大学生的就业状况较全国水平而言更是不容乐观，所以研究内蒙古地区大学生就业政策相较于以往对全国范围的研究具有特殊性、针对性和必要性，不仅关系内蒙古地区的经济和社会各方面的健康发展，也关系各民族的团结，同时可以为我国其他民族地区的相关问题研究提供借鉴。

第三，内蒙古地区大学生的就业问题影响人力资本投资意向，从而影响经济社会的可持续发展。所以，本研究对内蒙古地区大学生就业政策问题的阐释不仅基于对大学生就业的现实考虑，更基于对社会经济的前瞻性战略思考。

第三节　问卷调查结果分析

一、内蒙古大学生就业行为现状

本书通过分析内蒙古自治区2017—2022年的毕业生就业情况，对目前内蒙古大学生的就业现状进行了整体描述。根据大学毕业生就业状况，将毕业生的就业状态分为以下三类：就业、待业和暂时不就业。计入就业的主要有以下五种形式：一是已确定单位，如大学生毕业后在学校领取报道证，并通过学校与用人单位签订就业协议书，并到用人单位报到；或者是大学生毕业后只需与用人单位签订劳动合同，无需领取就业报到证，或用人单位出具接收函，大学生直接到用人单位工作；二是定向、委托培养回原定向委培单位就业；三是部分师范类毕业生回到生源地，其生源地毕业生就业主管部门负责为其安排就业；四是大学生毕业后进行自我创业或是以其他灵活方式就业；五是继续深造或出国留学。除上述几种情况外的，可以称为未就业者。（本章所有表格和图中数据均来自自治区教育厅2017年至2022年高校毕业生就业率汇总及2021年及2022年内蒙古高校毕业生就业质量报告）

如图5-1所示，2017—2021年，内蒙古自治区高校大学毕业生总数呈现逐年增加的趋势。特别是在2019年，毕业生人数首次突破13万人大关，而在2020年更是首次突破15万，达到2017年以来毕业生人数的峰值。尽管2021年毕业生人数增长势头有所放缓，但仍保持在一个较高水平。如图5-2所示，2017—2021年，大学毕业生整体就业情况呈现先上升后下降再缓慢上升的趋势。特别值得注意的是，2020年由于毕业生人数激增，无论是整体就业率还是不同学历层次的就业率均出现了较大幅度的下降。然而，在经历短暂调整后，2021年毕业生就业率出现明显回升，整体就业率达到86.9%，其中本科生就业率为79.9%，专科生就业率更是高达83.2%。

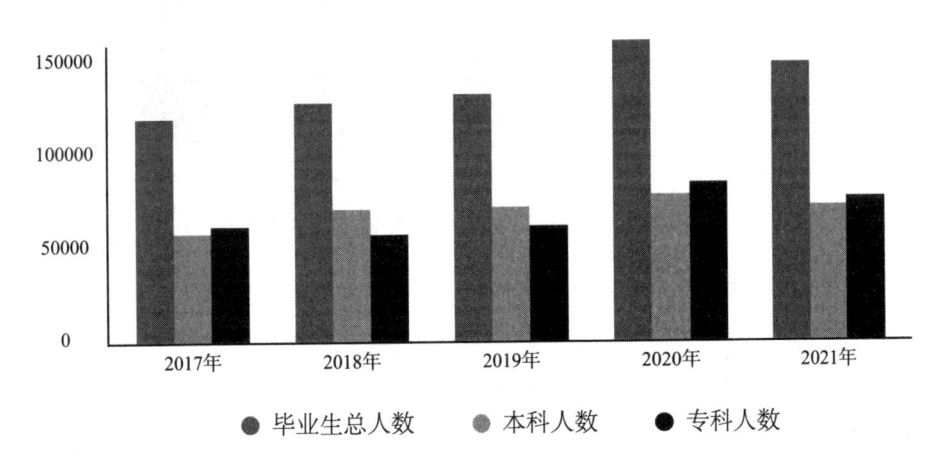

图5-1 内蒙古自治区2017—2021年大学生就业人数

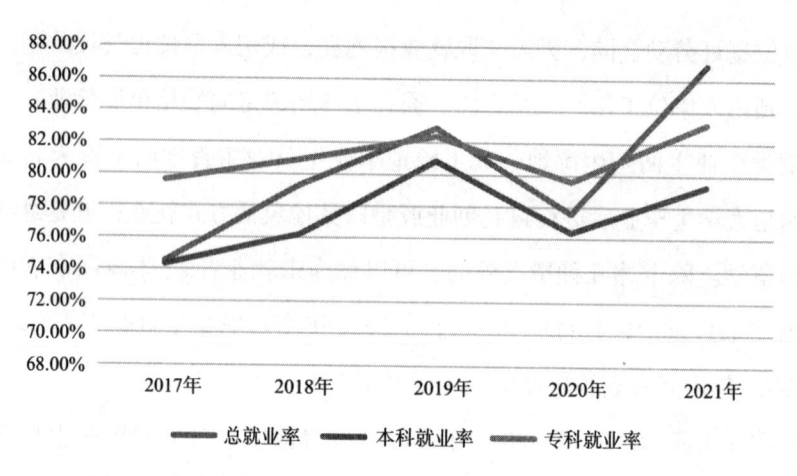

图5-2　内蒙古自治区2017—2021年各学历层次大学生就业率

高校毕业生人数的持续走高，无疑给就业市场带来了巨大压力。尤其是在毕业生人数激增的2020年，整体就业率下降约5个百分点，从2019年的82.90%降低至77.60%。这一现象在图5-3中得到了直观反映。

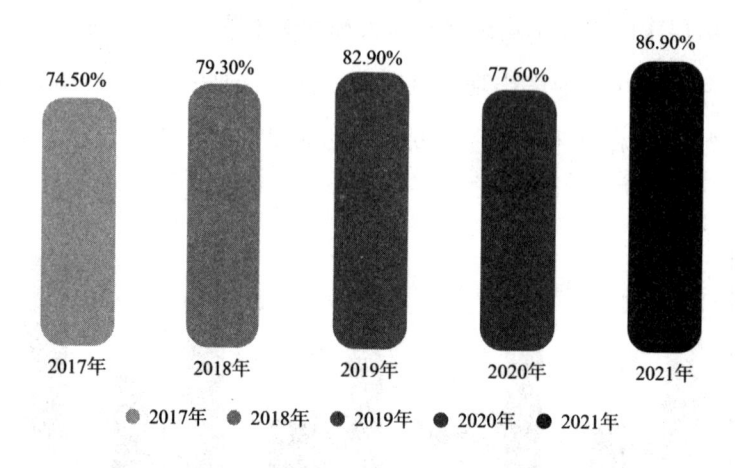

图5-3　内蒙古自治区2017—2021年大学生整体就业率

此外，产业结构调整、职位供需格局失衡、往届未能就业的毕业生及基层服务到期人员等因素也加剧了内蒙古自治区高校毕业生的就业压力。特别是随着内蒙古自治区产业结构的调整，许多高耗能、高消耗企业及产能落后的企业被淘汰关闭，导致吸纳高校毕业生的传统就业岗位缩减。同时，适应大学毕业生就业愿望和需求的中高端岗位也相对缺乏，而新型企业对人才专业素质的要求不断提升，进一步增加了内蒙古自治区高校毕业生的就业难度。

综上，内蒙古自治区高校毕业生就业中既有机遇也有挑战。面对毕业生人数持续增加和就业压力不断加大的现状可以通过以下措施解决：

（1）加强高校与企业的合作，推动产学研深度融合，提高人才培养的针对性和实用性。

（2）加大政策扶持力度，鼓励毕业生到基层、农村和西部地区就业，拓宽就业渠道。

（3）加强就业指导和服务，提高毕业生的就业能力和竞争力，引导他们树立正确的就业观念。

（4）深化产业结构调整，推动经济转型升级，创造更多符合高校毕业生就业需求的优质岗位。

二、内蒙古大学生的就业期望

内蒙古自治区作为多民族聚居地区，其大学生的就业期望与选择也呈现出独特的特点。通过问卷及访谈调查，大学生的就业期望主要体现在毕业后希望马上找到工作顺利就业，以及对岗位和工作的期待上。调查结果显示，选择大学毕业后直接就业的学生占所有受访学生的一半。这一数据表明，尽管当前大学毕业生的就业形势严峻，但内蒙古自治区的大学生仍然将直接就业作为首选。

在访谈中，部分学生表示，自主创业和考研升学只是他们毕业时无法马上就业而选择的另一种路径。这反映了学生在就业市场上的灵活性和适应性，也说明他们对于未来职业生涯有着明确的规划和期望。

调查中发现，受访学生中有44%的人认为就业就是找一个有发展前途的工作。这一观点充分证明了毕业生十分看重自己未来的发展，并且渴望有机会找到自己喜爱的工作。他们不仅希望尽快就业，以便尽早踏入社会、获得丰富的社会实践经历、锻炼自身能力，为今后的发展积累经验，更希望在经济上实现独立，摆脱经济方面的束缚。

对于选择直接就业的学生来说，他们更加注重岗位的稳定性和发展性，希望能够找到一个既能发挥自己专业技能又能实现个人价值的职位。同时，他们也关注企业的文化氛围和工作环境，希望能够在一个和谐、积极的环境中工作。

对于选择升学深造的学生来说，他们希望通过继续深造提高自己的综合素质和专业水平，为未来更好地就业打下坚实基础。此外，也有部分学生通过考研来实现专业转型或跨学科学习，以拓宽自己的职业发展路径。

对于选择自主创业的学生来说，他们通常具备较高的创新精神和创业意识。他们希望通过自主创业实现个人价值和事业梦想，也为社会创造更多的就业机会和经济效益。

综上所述，内蒙古自治区的大学生对于就业问题持有积极态度，并有着明确的期望和规划，他们希望通过自己的努力找到一份满意的工作，实现个人价值和经济独立。

面对就业市场的挑战，内蒙古自治区的大学生展现出更为灵活和多元化的处理方式。除了直接就业，他们还可以选择升学深造或自主创业。这种多元化的选择反映了大学生在就业问题上的积极态度和创新精神。

三、内蒙古自治区现行就业政策

政策是公共行政活动基本内容和方向的体现，也是公共行政本质的反应。政府在大学生就业中所应该且必须承担的相应责任和义务主要通过各种就业政策的制定和执行来实现的。首先，通过相关政策、制度和计划方面的宏观调控为大学生提供更多的就业支撑、保障和选择；其次，通过提供各类公共服务为大学生就业提供一个秩序良好的就业市场，保障各项宏观政策落实，真正为大学生就业提供帮助；最后，政府通过履行其监管职能，避免各种违法违规行为对就业及相关政策落实的不良影响，保障各项就业政策可以在公平合法的政策环境下顺利运行。大学生就业政策的主要类型及内容见表5-1。

表5-1 大学生就业政策的主要类型及内容

主要政策类型	政策内容
基础性政策	制定就业发展规划、失业统计和失业预警机制、就业统计制度、职业需求预测制度、人力资源供求信息网络制度、劳动预备制度、职业技能鉴定和职业资格证书制度等
服务类政策	职业介绍、职业指导、就业训练、失业保险、失业救济、求职登记、失业登记、社区就业岗位开发服务、职业培训和其他服务等
监管类政策	劳动保障部门依法对包括用人单位、职业中介、职业培训机构等就业歧视行为和违法行为进行就业监管

内蒙古自治区大学生就业政策的发展经历了四个阶段，即计划经济统一分配、双向选择、自主择业到当前促进就业的四个阶段。

目前，内蒙古自治区正处于当前的"促进就业"阶段。从中华人民共和国成立至今，大学生就业政策在价值取向方面有了很大变化，逐渐使国家、社会和个人的利益趋于平衡。但必须注意的是，大学生就业难问题日益突出，首先，适合大学生就业的岗位总量相对不足，呈现就业总量不足的问题。同时，结构性矛盾也日益突出，社会紧缺专业的大学生数量不足，基层边远地区大学生数量不足，呈现结构性过剩的问题。其次，在市场经济发展过程中，就业不公平现象也逐渐强化，阶层固化现象在就业领域尤为突出。个人价值与公共价值失衡、自主能力增强与公平价值缺失等问题，都需要通过完善相关政策来解决。大学生就业涉及各个方面，是一项系统性工程。因此，解决大学生就业问题需要多方共同支撑，而政府要提供相应的政策支撑，创造良好的政策环境。

四、内蒙古自治区就业政策存在的不足

(一)政策体系仍需完善

总体来看,目前,内蒙古自治区有关经济发展的基础性政策、引导学生就业的引导性政策、保障学生就业的服务性政策、提高学生就业能力的教育类政策都已经有所发展,初步形成了一个促进大学生就业的政策体系。但是,归纳起来看,该政策体系仍有待完善。

第一,政策效果待进一步提高。注重引导性政策建设的同时,不能忽略经济社会科学发展和教育类政策对大学生就业的基础意义,不能忽视大学生综合素质、就业能力提升的重要价值。虽然近几年内蒙古自治区高校逐步形成了以就业为导向的新的人才质量观念,但各高校的专业设置及教学方式等仍需更好地适应市场经济的新要求,使经济发展与高校输出的人力资源有效匹配,如部分高校中适应当今时代发展的大学生自主创业教学的滞后与不足影响了就业,据表5-2与图5-4显示的数据可以看出,现有的就业政策并不能满足大学生的需求。从有关数据显示的状况来看,内蒙古地区大学生对现有就业政策的满意度有待提高,表示满意的学生仅占20%;分别来看,除就业指导课程外,各项需求的满意度均不足30%,这样的情况显然是不尽如人意的。所以政府部门需要加强对就业政策的有效供给,从而提高大学生的就业质量、就业竞争力,最终实现大学生充分就业,提高就业满意度。

表5-2 内蒙古大学生对就业政策的满意度

就业政策	不满意/%	一般/%	满意/%
整体情况	22	58	20
就业信息发布	18	52	30
就业辅导	22	51	27
就业指导课程	16	34	50
就业培训	23	57	20

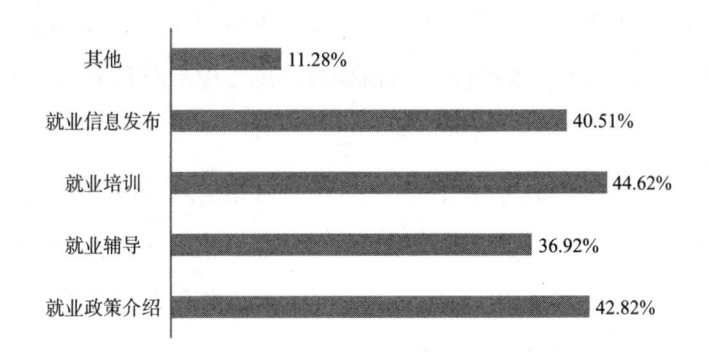

```
其他              11.28%
就业信息发布       40.51%
就业培训           44.62%
就业辅导           36.92%
就业政策介绍       42.82%
```

图5-4　内蒙古大学生对创业指导的需求度

第二，政策连贯性和长期规划性有待提高。自治区从2009年就初步形成促进毕业生就业的政策体系，这个政策体系主要以政府文件形式确定下来，但是，现有的政策之间缺乏连贯性和长远的规划，导致毕业生对这些政策的关注度不高。例如自治区现有的鼓励大学生到基层就业的政策使大学生在基层服务期间会得到相对优厚的待遇，但大学生仍然担忧在基层服务期满后会面临再度失业的问题，所以，这类政策仍需后续的政策支撑，而不是暂时性缓解大学生就业压力，图5-5反映的内蒙古大学生对此类政策和就业项目的关注度和参与意愿，也从侧面反映了大学生存在服务期满后再度失业的担忧。调查显示，大学生对就业政策的整体关注度不高，关注度最高的大学生村官计划也仅有48.21%，社区民生志愿服务的关注度仅有4.26%。在访谈中，当问及是否有意愿参与这些就业项目时，只有不到四成的受访学生表示愿意参与，目前这类政策亟待一个长期性的规划，使之更加连贯完整，以从根本上解决大学生就业难的问题。

第三，政策的可操作性有待加强。衡量就业政策能否有效帮助大学生就业的一个重要标准就是它的可操作性，立意再好的就业政策，若可操作性弱，大学生无法真正从该项政策中获得帮扶，那它也不能算是一项有效的就业政策。例如鼓励创业的政策旨在鼓励大学生自主创业，诚然能在全社会范围内营造一种自强、自立、积极进取的精神氛围，但一方面由于创业的复杂性、专业性，创业者不仅要有创业知识的积累，还需要良好的心理素质和抗风险能力，更需要有良好的人际关系；另一方面，由于还存在着许多不利于大学生创业的环境障碍，有些政策不匹配使得对大学生创业的实际帮助效果尚不明显。尽管国家已有许多鼓励大学生自主创业的政策，但这些已有政策并不能完全解除当前大学生创业中存在的一些障碍，大学生自主创业仍面临创业门槛过高、创业资金短缺、创业支撑体系不完善等困难。

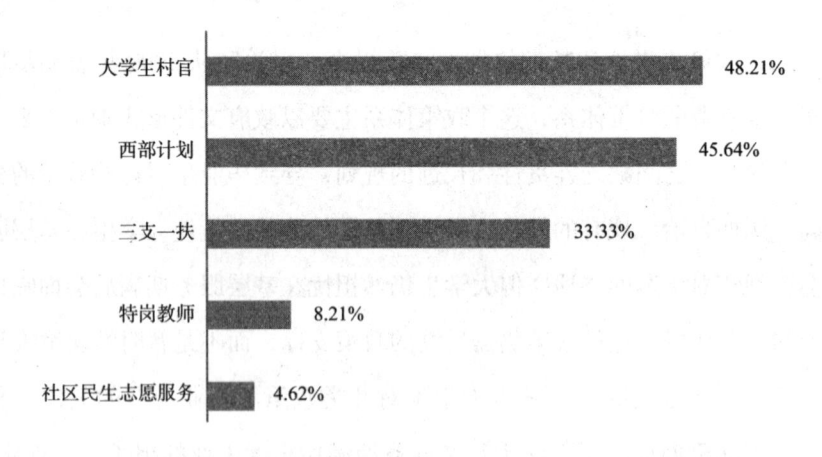

项目	比例
大学生村官	48.21%
西部计划	45.64%
三支一扶	33.33%
特岗教师	8.21%
社区民生志愿服务	4.62%

图5-5 内蒙古大学生对基层和特殊就业项目的关注及参与意愿

（二）政策环境还需优化

当前，自治区有关大学生就业的配套措施仍需完善，以充分满足大学毕业生和用人单位的需求，并保障政策的实施效果，使大学生就业市场体系有效运行。这突出体现在三个方面：一是法律保障体系不健全。现行的法律法规虽然在一定程度上保障了大学生的合法权益，但是侵害大学生权益的现象时有发生，既增加了大学生就业的成本，也阻碍了大学生就业市场的有效运行；二是就业配套措施不完善。如服务基层等政策，虽然目的在于引导大学生就业方向、拓宽就业渠道，但在很大程度上是以学生的社会奉献精神作为前提的，这就要求与政策相关的承诺需执行到位。通过图 5-6 显示的数据不难发现，目前高校大学生的首选就业意愿是行政单位、事业单位和国有企业，对中小微型私有企业的首选就业意愿最低。出现这种情况的原因是目前大学生在就业时首先考虑两个方面：一是这份工作是否稳定，二是工资待遇是否符合自己的心理预期，而排名前三位的几类单位都可以满足这两点首选就业因素，所以自然会比其他类型的就业单位更加吸引学生。

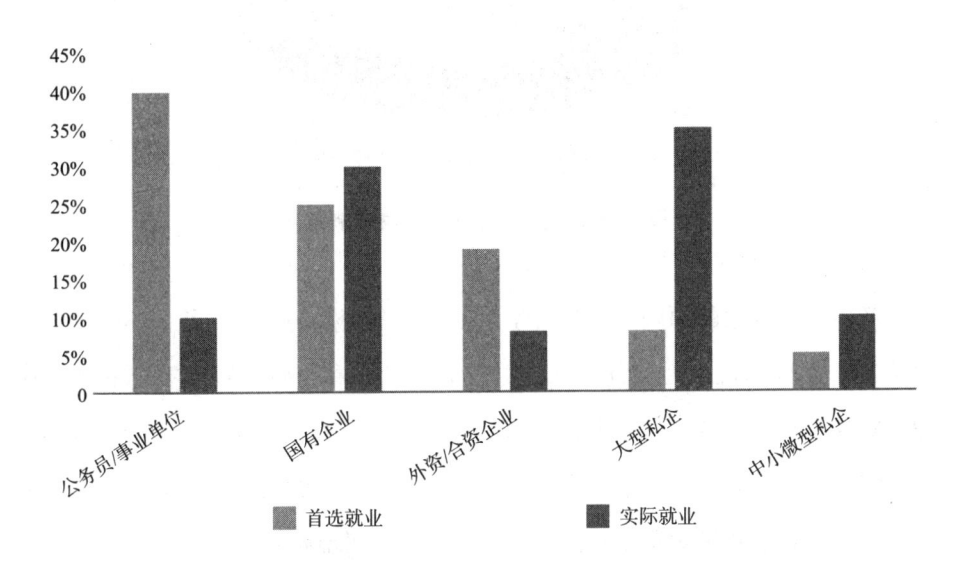

图5-6　内蒙古大学首选就业与实际就业情况统计图

（三）政策参与机制有待完善

大学生就业政策最终的受益者和利益相关者是大学生，往往只有最终受益者和利益相关者才最了解自身的需求，内蒙古地区大学生就业政策制定具体过程中这部分最重要的利益相关者的参与程度需提高，由此可能使就业政策大多是基于问题导向，而非需求导向。表 5-2 中大学生对就业政策的满意度就从侧面反映了这一问题。而从图 5-7 也可以看出，超过半数的受访学生认为现有就业政策对自身几乎没有影响，这也充分说明部分促进大学生就业的政策都是在大学生就业问题的现实驱使下的政策选择，缺少对特定利益相关主体的广泛利益需求的了解。

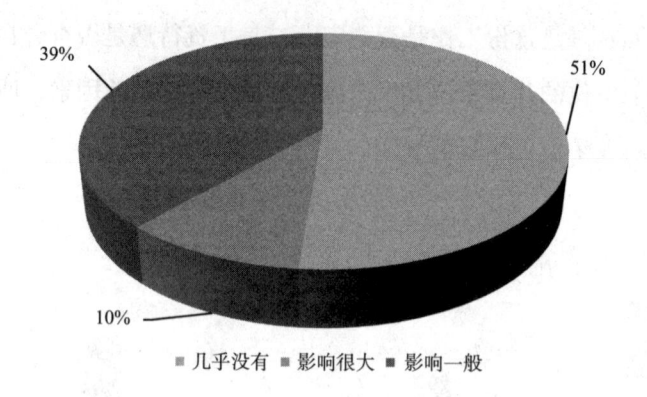

图5-7　现有就业政策对自身影响程度

产生上述现象的原因是，与大学生就业问题相关的一些利益主体缺少参与政策制定过程的机会。调查显示，尽管大学生有参与就业政策制定的强烈愿望，却缺少相应渠道。就业政策的制定过程缺少了大学生的参与，会对就业政策最终的实施效果产生一系列影响。首先，导致大学生对就业政策缺乏深刻的了解，影响就业政策效果。其次，导致政策内容可能不切合实际。

（四）相关就业政策的执行及落实还有待改善

1.政策执行的保障机制有待加强

通过对内蒙古地区几所高等院校中分管就业指导的老师的访谈，我们发现，这些老师普遍认为，目前自治区针对大学生就业的帮扶政策不少，但是政策落实中存在种种难处，因而真正能够帮助学生就业的政策不多。可见，再好的政策，如果不能得到有效贯彻落实并执行，对于大学生而言无异于画饼充饥、望梅止渴，是起不到实际作用的。所以政府不仅要负责政策的制定，更要保证政策的执行。

第一，提高就业指导人员的指导能力。目前，内蒙古自治区教育厅建立了专门的就业指导服务中心,各高校也建立了专门的就业指导服务机构,但是,相比较于近年来的高校扩招速度,高校学生就业指导服务方面显得有些落后,专业的就业指导人员相对不足。有些高校中从事就业指导服务工作的是学生辅导员,他们既缺少指导大学生就业的方法和技巧,也缺少和政府有关部门对接的经验,缺乏全面了解和贯彻执行有关就业政策的主动性和积极性。

  第二,需要建立一个有效的政策信息共享平台。根据图5-8和图5-9显示的数据不难发现,内蒙古自治区大学生对现有就业政策的了解不足,高达90.26%的大学生对现有政策表示不了解,仅有2.56%的参与调查问卷的学生了解目前的就业政策,这说明自治区的就业政策信息需要被更多大学生知道,其中一个很重要的原因就是自治区各高校就业网站上的就业信息是相互封闭的,甚至有的招聘会也只有本校学生才能进入,因而如图5-9显示仅有37%的学生通过网络了解就业政策。上述现状一定程度上反映了毕业生掌握的就业政策行业性、区域性特征明显,对自治区其他盟市、旗县的就业政策信息了解不够,信息面过于狭窄,因而他们在定位就业目标时不够理性,这在一定程度上影响了就业政策的执行效果。

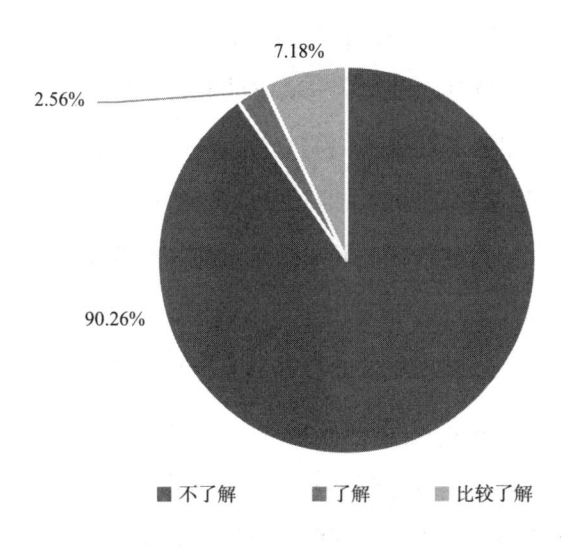

图5-8 内蒙古大学生对现有政策的了解情况

图中数据：37%、26%、22%、15%

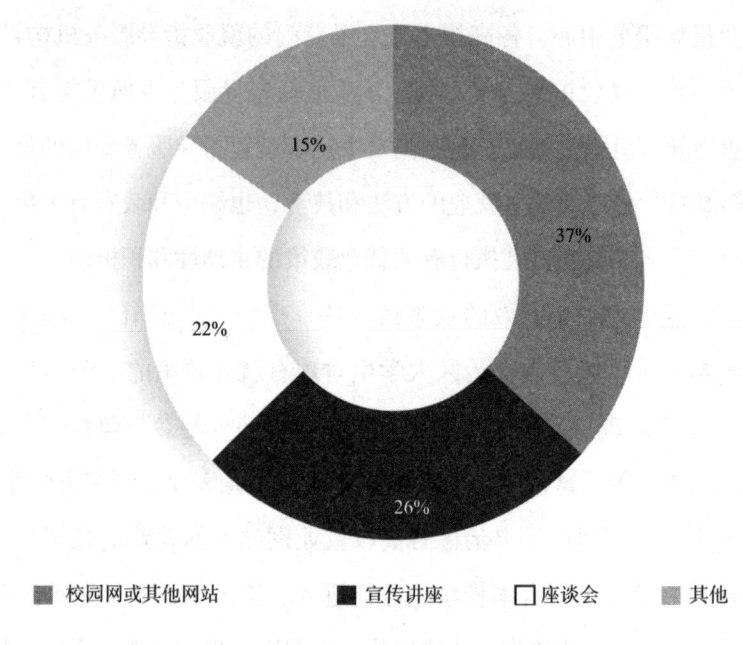

图例：校园网或其他网站　宣传讲座　□座谈会　其他

图5-9　内蒙古大学生了解政策的渠道

2. 就业服务政策体系有待进一步健全

就业服务包括帮助大学生提供就业的政策咨询、职业技能培训、毕业生见习以及劳动保障事务代理等，通过建立就业服务政策体系，可以有效地帮助大学生扫清就业方面的障碍，为大学生就业提供更多的帮助。在图5-10中对于内蒙古地区大学生主要就业渠道的调查统计中，可以发现高达76.4%的大学生是通过考试或应聘获得工作的，通过其他几种方式就业的占比较少，这虽然从侧面反映出了内蒙古现有就业服务政策起到了一定的促进就业的作用，但是，结合表5-3和图5-11不难看出，目前内蒙古就业服务并没有达到大学生的期望值，大学生对目前各项就业服务的满意度一般，满意度最高的就业政策咨询服务，也仅有33.33%的学生表示满意，而大学生期望值最高的毕业生见习服务，满意度却仅有26.15%。可见，内蒙古自治区的就业服务体系和就业服务的相关政策都有待进一步的健全和完善，从而更好地为学生提供就业帮扶。

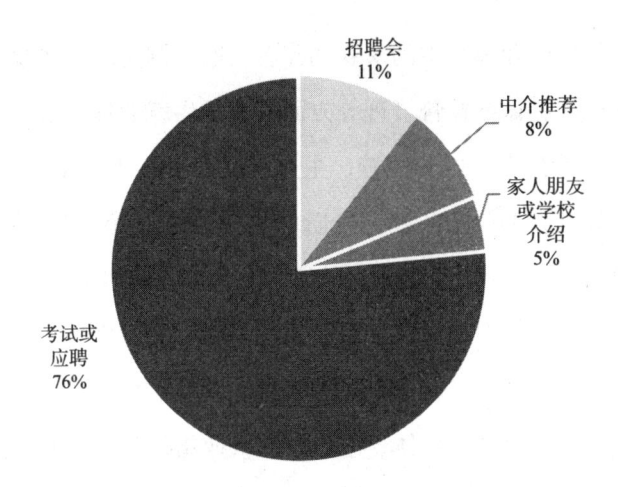

招聘会 11%
中介推荐 8%
家人朋友或学校介绍 5%
考试或应聘 76%

图5-10　内蒙古大学生主要就业渠道

表5-3　内蒙古大学生就业服务满意度统计表

就业服务	不满意/%	一般/%	满意/%
就业政策咨询	22	45	33
就业介绍与指导	25	46	29
职业技能培训	38	40	22
劳动保障事务代理	33	44	23
毕业生见习	32	42	26
就业援助	26	41	33

就业援助　24.50%
毕业生见习　58.46%
劳动保障事务代理　23.95%
职业技能培训　42.05%
就业介绍与指导　34.87%
就业政策咨询　35.75%

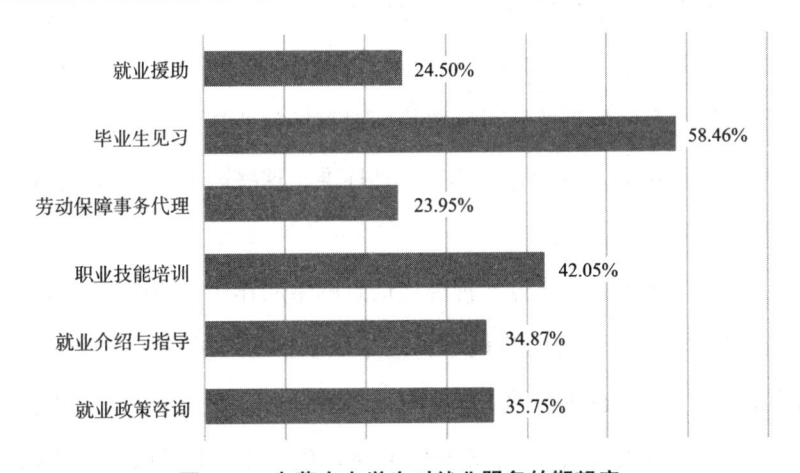

图5-11　内蒙古大学生对就业服务的期望度

政府是大学生就业体系中的宏观调控者,通过制定政策法规、提供社会保障、安排职业培训、做好监督管理等方面为大学生就业提供公共服务。当前自治区就业服务体系有待进一步完善,主要表现在以下几个方面:

(1) 起步较晚,尚处于不断完善阶段。自治区的就业服务体系始于20世纪90年代后期,随着大学生就业人数增加,大学生就业难突出,逐渐形成了大学生就业服务体系。但从总体上看,仍有一些需完善之处。政府在大学生就业中要做好就业市场监管、就业立法的完善、就业信息服务功能的加强等;高校已成为大学生就业服务的主体,但高校的就业指导部门在服务内容、资金投入、师资队伍建设、与企业的联系等方面都需要加强;用人单位在就业服务体系中的作用没有充分发挥,各类就业中介服务的发展还不成熟。

(2) 就业服务机构不健全,专业师资队伍缺乏。目前自治区的就业服务机构主要包括以下两个:一是由政府设立的人才服务中心,二是高校建立的一种就业中心加辅导员模式的就业服务机构。政府人才服务中心应为大学毕业生提供职业介绍、职业指导、就业训练、职业培训、就业政策法规咨询、职业岗位供求信息、对就业困难的毕业生实施就业援助、市场工资指导价位信息、失业保险、失业救济、求职登记、失业登记等服务。而高校的就业指导中心功能较为简单,大部分就业指导中心主要负责毕业生派遣、组织校园招聘会、发布就业信息、开展就业咨询和讲座等内容。高校的部分就业指导员属于兼职人员,并没有经过专门的训练。尽管自治区对高校就业指导机构的建立及教师专业化水平有明确要求,但仍有高校未达到标准,这些因素直接影响就业指导的服务效率和效果。

(3) 就业市场中没有充分发挥现代信息网络的作用。当前,就业市场中并没有真正建立完整畅通的信息网络,人才供求信息不畅通,人才市场区域分割、部门分割严重,造成大学生就业时信息不畅通。在一项关于用人单位招聘中遇到问题的调查中显示(见图5-12),85.10%用人单位认为人才招聘渠道不畅通,87.80%用人单位认为符合需要的人才难找,82.20%单位认为学校与企业沟通信息不及时,当前高校大学生就业市场信息并不畅通。21世纪是信息化的时代,大学生就业市场也应顺应时代发展步伐,加强就业服务信息化方面的建设。

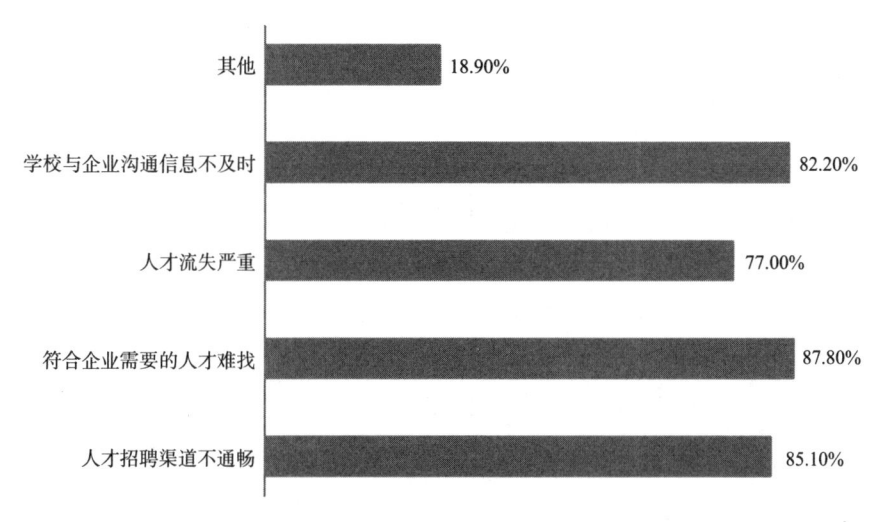

- 其他 18.90%
- 学校与企业沟通信息不及时 82.20%
- 人才流失严重 77.00%
- 符合企业需要的人才难找 87.80%
- 人才招聘渠道不通畅 85.10%

图5-12 用人单位在人才招聘中遇到的问题率

(4)就业保障政策有待进一步完善。就业保障是国家社会保障工作的重要环节,事关劳动者合法权益的保护以及整个社会的和谐与稳定。对大学生的就业保障制度应该由国家或社会依法建立,而且应该具有一定的经济福利性和社会性的保障体系。自治区在就业保障方面应分步骤、分阶段消除经济发展水平不均衡导致的薪资待遇、就业保障制度的地区性差异。在未来乃至今后相当长的一段时期内,内蒙古自治区应重点关注大学生等弱势群体的就业保障政策的健全和完善,加大对落后地区的政策扶持力度,通过改善边远地区的就业环境吸引人才,促进就业的均衡发展,扩大社会保障覆盖面,提高社会保障体系的统筹层次,逐渐消除社会保障的地区差异、行业差异,创造公平的社会保障环境,解决大学生的后顾之忧,拓宽大学生的就业空间。同时,执法监督力度也应进一步加强,以保证大学生就业市场在法律的保障下平稳运行。

第六章 缓解内蒙古大学生就业心理压力的对策

第一节 大学生就业心理压力缓解策略

一、理情疗法在心理压力缓解中的应用

在心理干预的实践中，理情疗法（Rational Emotive Therapy, RET）为大学生提供了一个有效的框架，以应对因不合理信念而引发的心理压力。该疗法首先侧重于识别那些潜在的、导致心理压力的深层次信念，这些信念往往具有绝对化和非理性的特征，例如"我必须找到一份好工作才能证明自己的价值"。这种信念不仅限制了个人发展的可能性，还可能导致大学生过度焦虑和产生挫败感。

在识别出这些不合理信念后，理情疗法进一步通过逻辑分析和理性的辩论，挑战并解构这些信念的合理性。通过这一过程，大学生的观点被引导得更为合理和现实，例如认识到"个人价值不依赖于某一特定工作，而是由多元的经历和成就所构成"。这种替换过程不仅拓宽了个人的视野，还为他们提供了更多元化的发展路径。

在替换不合理信念之后，大学生能够逐步重建积极情绪。理情疗法认为，

人的情绪和行为是由认知决定的。当大学生面对就业压力时，往往会产生一系列负面认知，例如"我找不到好工作，我的未来无望了"。这些认知进一步引发焦虑、抑郁等情绪。理情疗法旨在帮助大学生识别和调整这些负面认知，从而缓解心理压力。理情疗法的具体应用可分为以下四个方面：

（一）诊断阶段：找出压力之源

理情疗法的第一阶段是诊断。心理咨询师会与大学生进行深入交流，了解他们的就业压力来源，如家庭期望、社会环境等。这一过程如同侦探查找线索，旨在找出压力的根源。

（二）重构认知：打破思维牢笼

在诊断的基础上，理情疗法进入重构认知阶段。心理咨询师会引导大学生反思自己的负面认知，如"我必须找到一份完美的工作，否则我的人生就毁了"。通过理性分析，大学生逐渐认识到这些认知的不合理性，从而打破思维的牢笼。

（三）调节情绪：抚平心灵创伤

当负面认知得到调整后，理情疗法进一步帮助大学生调节情绪。心理咨询师会教授他们一系列调节情绪的技巧，如深呼吸、放松训练等。这些技巧能让大学生在压力面前保持冷静。

（四）改变行为：迈向新的人生阶段

理情疗法的最终目标是帮助大学生改变行为，使他们学会以积极的态度面对就业压力，制定合理的职业规划。这一过程如同凤凰涅槃，大学生在压力中成长，迈向新的人生阶段。

实践证明，理情疗法对缓解大学生就业心理压力具有显著效果。它不仅帮助大学生摆脱负面情绪的困扰，还增强了他们面对压力的勇气和信心。理情疗法让大学生就业之路更顺利。

二、宣泄法：如何帮助大学生释放压力

在当今这个快节奏的社会中，心理健康领域日益受到广泛关注。特别是对于大学生这一特殊群体，情感宣泄被普遍视为一种至关重要的应对压力策略。大学生在面对学业、人际关系、职业规划等多重压力时，可采用的情感宣泄方法多种多样，它们旨在帮助大学生有效地释放内心的负面情绪和压力，从而达到心灵的平衡。

首先，言语和写作是情感宣泄的重要渠道。比如，大学生在遭遇挫折后，可以通过与朋友促膝长谈，将内心的苦闷和困惑倾诉出来。这种口头表达的过程，不仅能够缓解他的心理压力，还能让他感受到朋友的关心和支持。同样，写作也是一种极具疗效的宣泄方式。大学生可以通过日记、博客或诗歌等形式，将内心的情感、困扰和想法转化为文字，从而实现情感的外化。这不仅有助于他们识别和理解自身的情绪状态，还能促进情绪的释放和缓解。

其次，除了言语和写作，身体宣泄也是一种有效的情感释放方式。例如，通过在操场上挥洒汗水，参与篮球、足球等团队运动，大学生可以在激烈的对抗中释放内心的紧张和压力。舞蹈、瑜伽、跑步等个人活动同样具有很好的宣泄效果。这些身体活动能够激活身体的内啡肽等物质，提高身体的舒适度和放松感，进而达到减轻心理压力的目的。有时，一场激情四溢的摇滚音乐会也能让大学生在音乐的节奏中释放内心的压抑情绪。

再次，在社交层面，情感宣泄同样具有重要意义。大学生可以通过与朋友、家人或专业人士分享自己的压力和困扰，获得情感上的支持和理解。这种社交互动不仅能减轻大学生的心理压力，还能促进人际关系的和谐发展。例如，一个大学生在遇到情感问题时，可以向心理辅导员寻求帮助。在专业的指导下，他能够更好地理解自己的情绪，找到解决问题的方法。

最后，情感宣泄还能帮助大学生建立更为紧密的社交网络。在分享和倾听的过程中，他们能够结识志同道合的朋友，共同面对生活中的挑战。这种互助

和互相支持的关系，对于他们的心理健康和成长具有深远影响。

值得一提的是，情感宣泄并非一蹴而就的过程。它需要大学生勇敢地面对自己的情绪，学会表达和释放。在这个过程中，学校、家庭和社会的支持至关重要。学校可以开设心理健康课程，提供心理咨询服务，帮助大学生建立正确的情感宣泄观念。家庭应当营造温馨和谐的氛围，让大学生在遇到问题时能够敞开心扉。社会则应加大对心理健康事业的投入，为大学生提供更多的资源和帮助。

总之，情感宣泄是大学生应对压力和负面情绪的重要途径。通过言语、写作、身体活动和社交互动等多种方式，大学生可以有效地释放内心的压力和困扰，保持身心的健康与平衡。在这个过程中，学校、家庭和社会等多方面的支持和关注，共同为大学生的心理健康保驾护航。常言道："解铃还须系铃人。"大学生应当学会如何正确地应对压力，让自己在挑战中不断成长。

三、升华法：将压力转化为动力

面对当前就业市场的激烈竞争，大学生如同航行在茫茫大海中的船只，需要有明确的航向和坚定的目标。在这个风起云涌的时代，大学生需展现高度的前瞻性和目标导向性。具体而言，他们需要明确职业目标，职业目标就像在浩瀚海洋中点亮了指引方向的灯塔。这一目标不应是模糊不清的幻想，而应建立在个人兴趣、专业技能和市场需求这三者的基础之上。通过深思熟虑，大学生可以为自己制定一份既具前瞻性又切实可行的人生规划，这份规划将涵盖他们的长期梦想与短期目标，能帮助大学生有效减轻就业压力、驱动个人发展。

在这个过程中，大学生将更加清晰地认识自己的职业定位，为自己的未来职业生涯搭建坚实的基础。这个过程并不容易，它需要大学生对自己的兴趣和优势进行深入挖掘，对市场趋势进行敏锐洞察，同时还需要大学生具备坚定的意志力和持之以恒地努力。

为了提升竞争力，大学生不应只是被动地等待机会的到来，而应积极参与各类培训、实习和社会实践活动。这些活动是大学生提升自我价值的宝贵方式，不仅有助于大学生增强专业技能和提升知识储备，还能让大学生在实践中积累宝贵的工作经验，提升自己的综合素质。比如，参加专业培训课程可以让大学生掌握最新的行业知识，实习则可以让他们在实际工作中锻炼自己的能力，而社会实践活动则可以培养他们的团队合作精神和社会责任感。

通过这样的方式，大学生可以逐步建立自己的核心竞争力，就像是在激烈的职场竞争中打造出一件独特的武器。这件武器将使他们在未来的职场上所向披靡，更好地应对各种职业挑战。

然而，在追求职业目标的过程中，大学生还需要保持积极的心态和乐观的情绪。心态决定行为，行为决定结果。只有保持积极的心态，大学生才能在遇到困难和挑战时，将其视为成长的机会，而不是退缩的借口。他们需要通过不断克服困难、超越自我，激发内在的潜力，在逆境中破茧成蝶，绽放出更加耀眼的光芒。

同时，保持健康的心态和建立情绪调节机制也是至关重要的。在面对职业压力和挑战时，大学生需要足够冷静和理智，以便能够从容应对各种复杂局面。他们可以通过学习心理调适技巧、参加心理辅导等方式，提高自己的情绪调节能力，从而在职场中保持最佳状态。

大学生应通过明确职业目标、提升自身能力和培养积极心态等多方面的努力，为未来的职业生涯做好充分准备。他们需要像对待一场马拉松比赛一样，做好长期规划和准备，不断调整自己的步伐和策略，以适应不断变化的环境。

在这个过程中，他们可能会遇到各种困难和挑战，但正是这些经历，将他们塑造为更加坚韧、成熟的人。他们将在竞争激烈的就业市场中脱颖而出，实现自己的职业梦想。

在这个过程中，大学生还需要学会与他人合作，以及处理人际关系。职场不仅是一个竞争的舞台，更是一个合作的平台。大学生需要学会与同事、领导和客户建立良好的关系，通过有效的沟通和协作，实现共同目标。

此外，大学生还需要关注社会发展趋势，了解行业动态，以便更好地把握就业机会。他们可以通过阅读行业报告、参加行业研讨会等方式，保持对市场的敏感度，从而在职场中抢占先机。

总之，大学生在追求职业梦想的道路上，需要有明确的目标、坚定的信念、不断提升的能力和积极的心态。他们需要像勇士一样，勇敢地面对挑战，不断地超越自我，最终实现自己的职业梦想。而这一切，都离不开他们的努力和坚持，以及对未来的信心和期待。

四、补偿法：通过自我提升减轻心理压力

当今这个充满挑战和机遇的社会大环境中，大学生犹如航行在汪洋大海之上的船只，必须时刻准备着应对变幻莫测的浪潮。他们面临着不断学习和成长的迫切需求，这种需求不仅是为了跟上时代的步伐，更是为了在激烈的竞争中站稳脚跟。面对这样的现实状况，大学生可以通过多种途径来丰富自己的知识结构和技能体系，为自己的未来打下坚实的基础。

首先，学习新技能成为大学生们提升自我竞争力的关键一环。在快速发展的科技时代，掌握新的技能不仅能够弥补个体在特定领域的不足，更能增强其在职场上的自信心和市场竞争力。比如，大学生可以学习编程语言、数据分析、人工智能等前沿技术，这些技能在未来的就业市场上将极具价值。大学生可以通过参加线上课程、参与学术研讨会、加入实验室项目等方式，系统地学习这些专业技能。在这个过程中，他们不仅能够获得知识，更能在实践中锻炼自己的解决问题能力和创新思维，为未来的职业生涯打下坚实的基础。

在追求专业技能的同时，大学生也不应忽视社交的重要性。一个宽广的社交网络是个人成长不可或缺的助力。积极参与各类社交活动，如学术沙龙、社团活动、志愿者服务等，不仅有助于大学生扩大人脉资源，还能够促进他们在不同领域内的交流与合作。例如，一个学习金融类专业的大学生通过参加商业模拟竞赛，不仅能够结识来自不同院校、具有不同专业背景的同学，还有机会

与行业内的专业人士交流，从而为自己的职业发展积累资源。这些人际关系网络在未来的求职和工作中都可能成为关键的一环，为大学生提供更多的就业机会和更广的发展空间。

除此之外，自我反思与调整是大学生实现个人成长的另一关键因素。在忙碌的学习和社交生活中，定期进行自我评估和反思尤为重要。大学生可以通过写日记、参加心理辅导、与导师交流等方式，对自己的学习状态、职业规划、人生目标进行深入思考。这种自我认知的过程能够帮助他们更清晰地认识到自己的优势和不足，从而制订出更具针对性的提升计划。例如，一个学生在反思中发现自己在公共演讲方面存在不足，他可能会因此参加演讲培训课程，逐步提升自己的表达能力。这种自我调整的过程不仅能够帮助大学生更好地规划自己的职业生涯，还能够有效地减轻他们的心理压力，使其在面对挑战时保持积极的心态和高效的行动力。

第二节　积极暗示法在心理调适中的作用

一、积极暗示法的理论基础

在探讨积极暗示法的实际应用时，就不得不提及潜意识的影响力。当我们深入探讨积极暗示法的实际应用时，仿佛是在绘制一幅心灵的画卷，每一笔、每一画都映射着潜意识的力量。潜意识位于我们心智深层的神秘领域，它不仅是一个简单的存储空间，更是一个充满无限可能的能量库。它承载着我们的信念、价值观、长期经验和固有习惯，如同一个庞大的数据库，记录着我们的成长历程。

潜意识这个看似隐形的层面，却在日常生活中发挥着至关重要的作用。它如同一个幕后的导演，悄然无声地影响着我们的思维、情感和行为。当我们意识到这一点时，便可以探索如何通过积极暗示的方式，激发和引导深层次的潜意识，从而产生积极的影响。

积极暗示法的核心理念是，通过正向的心理刺激，我们能够激活并强化潜意识中的积极元素。这种正向的刺激可以是一句鼓励的话语、一个肯定的眼神或一次成功的体验。它们如同种子，播撒在潜意识这片肥沃的土地上，逐渐生根发芽，长成参天大树。

这种正向的刺激不仅能够激活潜意识中的积极元素，还能够强化它们。就像锻炼肌肉一样，通过不断的正向心理刺激，我们可以使潜意识中的积极元素变得更加强大和稳定。这种积极元素的强化，将进一步优化我们的行为模式，使我们在面对生活中的挑战时，能够更加从容和自信。

积极暗示法还能够有效地减轻由心理压力带来的负面影响。在现代社会中，心理压力如同无处不在的阴影，时刻影响着人们的生活。然而，通过积极暗示，我们可以学会如何放松身心，如何将压力转化为动力。这种转变不仅能够提升我们的生活质量，还能够增强我们的心理韧性，使我们更加坚强和勇敢。

在塑造个体的自我概念方面，积极暗示法的效果更加显著。自我概念这一看似抽象的概念，实际上是我们心理健康和职业发展的基石。它影响着我们的自尊、自信、自我效能感等各个方面。一个积极的自我概念能让我们充满力量。

通过积极的心理暗示，个体能够形成更加积极、健康的自我认知。自我认知就像一面镜子，反映出我们眼中的自己。当我们看到镜子中的自己充满自信和力量时，我们便会产生一种强烈的自我认同感。这种认同感将进一步激发我们的潜能。

二、积极暗示法的实践应用

在面对就业压力这一普遍挑战时,每个人都需要一套有效的策略来缓解随之而来的心理负担。要成功地应对这一挑战,大学生不仅需要坚定的意志,还需要运用一系列细致入微的技巧和方法来减轻内心的紧张和焦虑。积极暗示法,就是其中一种。

当大学生投身于求职的洪流中时,内心可能会充满不确定性和产生自我怀疑。在这种时候,积极肯定自己成为重建信心的重要方式和心理防线的坚强屏障。具体来说,大学生可以通过自我对话的方式来强化自己的积极信念。比如,每天早晨醒来时,可以在镜子前对自己说:"我具备丰富的工作经验和卓越的技能,我值得拥有理想的工作。"或者,"我有能力面对任何挑战,我有勇气超越自我。"这样的自我肯定不应该只是一时的口号,而应该成为每天自我激励的一部分。通过这样的积极自我陈述,大学生不仅能够提升自我认知,还能够培养出面对困难时的冷静和果断。

正面思考的力量同样不容小觑。在就业压力下,将压力视为成长的机会而非负担是转变心态的关键。举例来说,求职过程中的每一次失败,都可以被看作通往成功的一次实践和演练。每一次修改简历,每一次准备面试,都是对自我能力的一次锻炼和提升。大学生可以把面试看作一个舞台,而大学生则是在这个舞台上展示才华的演员。每一次面试,无论结果如何,都是大学生向潜在雇主展示自身独特价值和能力的宝贵机会。这样的心态让大学生更加专注于提升自己,而不是过分关注可能面临的失败和挑战。

然而,即便大学生拥有了积极的心态和自我肯定的力量,面对就业压力时,有时仍然会感到力不从心。这时,寻求支持就显得尤为重要。每个人都不是孤岛,每个人都需要他人的帮助和扶持。在遇到困难时,主动向家人、朋友或专业人士寻求帮助,是缓解压力的有效途径。与家人和朋友分享自己的感受,可以让大学生获得情感上的慰藉和实际的建议。他们的支持就像一盏明灯，在黑暗中指引我们前行。

除此之外，专业的职业指导师和心理咨询服务也是宝贵的资源。他们不仅能够提供专业的建议，还能够根据大学生的具体情况，制定个性化的应对策略。职业指导师可以帮助大学生分析就业市场，优化简历，提高面试技巧；而心理咨询师则可以帮助大学生理解自己的情绪，学会有效的压力管理技巧。他们的专业支持，往往能让大学生在应对就业压力时更加得心应手。

在实践中，以下是一些具体的策略，可以帮助大学生更好地应对就业压力：

（1）明确实际目标。明确自己的职业目标，并制订切实可行的计划。这些目标应该既有挑战性，又可以被实现。

（2）时间管理。合理安排时间，确保有足够的时间用于求职活动，同时也要留出时间来放松和充电。

（3）持续学习。在求职过程中，不断学习新技能和知识，提高自己的竞争力。

（4）保持健康的生活方式。健康的饮食、适量的运动和充足的睡眠，都能够提高大学生的心理和生理抵抗力。

（5）建立人际网络。通过参加行业活动、社交媒体等方式，建立和维护专业的人际关系网络。

（6）保持乐观态度。即便在面临挫折时，也要保持乐观，相信自己有能力克服困难。

（7）学会放松。通过冥想、瑜伽或其他放松技巧，学会管理压力，保持心态平和。

通过上述实施策略，大学生不仅能够在求职过程中保持更积极的心态，还能够有效地减轻就业压力，最终实现自己的职业目标。大学生应明白，就业压力是成长的一部分，而自身已经拥有了面对它的力量和智慧。

三、积极暗示法对大学生就业心理的影响

在当今社会，大学生面临的就业压力日益增大，如何在这种竞争激烈的就业环境中保持自信，成为许多大学生关注的焦点。在这个过程中，积极暗示法如同一把开启心灵的钥匙，展现了显著的效果。这种方法通过心理层面的积极引导，帮助大学生塑造出一个积极的自我概念。想象一下，当大学生在心中种下自信的种子，他们会如何看待自己？他们会认为自己拥有无限的潜能，相信自己有能力去应对未来的挑战。

这种方法不仅有助于塑造积极的自我概念，还能引导大学生保持积极的情绪状态。在这种情绪状态下，大学生会更加自信地面对生活，他们的内心会充满力量。以下是一个生动的例子：小王，一名普通的大学生，曾因就业压力而感到迷茫和无助。然而，在积极暗示法的帮助下，他逐渐找回了自信，勇敢地面对挑战，最终成功找到了一份理想的工作。

在激烈的就业竞争中，这种自信心的提升使大学生更加坚定地相信自己有能力面对各种挑战。这种信念就像一盏指路明灯，引导他们在职场中勇往直前。当大学生充满自信地走进面试室，他们的眼神更加坚定，他们的言谈举止充满魅力，这种自信不仅能够感染面试官，还能为他们赢得更多的机会。

进一步地，积极暗示法激发了大学生的内在动力，让他们更加积极地面对就业市场。这种动力源自内心深处，推动着他们勇敢地追求自己的梦想。在面对新的就业机会和挑战时，他们表现得更加勇敢和积极，愿意主动探索并抓住机遇。在遇到困难和挫折时，大学生也能够更加坚韧不拔，勇敢面对挑战，展现出强大的应对能力。这种能力就像一把锋利的剑，帮助他们披荆斩棘，勇往直前。比如，小张在求职过程中遇到了多次失败，但他没有气馁，而是不断调整心态，总结经验，最终成功找到了一份满意的工作。

除了提升自信心和增强应对能力，积极暗示法还对大学生的心理健康产生了积极的影响。通过减轻心理压力，积极暗示法能帮助大学生更好地调整自己

的心态和情绪，保持积极向上的心理状态。这种积极的心态使他们能够更好地应对就业过程中的不确定性和压力，为实现个人职业发展目标奠定坚实的基础。

我们可以用一个形象的比喻来形容这个过程：大学生的心灵就像一片广阔的海洋，而就业压力就像海面上的暴风雨。在积极暗示法的帮助下，大学生更了解这片海洋，学会了如何在暴风雨中航行。这种能力使他们能够在波涛汹涌的就业市场中稳如磐石，最终抵达成功的彼岸。

积极暗示法在提升大学生自信心、增强应对能力以及促进心理健康方面具有显著效果。在大学生就业指导中，教育者和心理咨询师应充分利用这一方法，帮助大学生更好地面对就业压力，实现个人职业发展目标。以下是一些建议：

（1）开展针对积极暗示法的讲座和培训，让更多大学生了解并掌握这种方法。

（2）在心理咨询中，引导大学生运用积极暗示法调整心态，增强自信心。

（3）在课堂教学和课外活动中，注重培养大学生的团队合作精神和沟通能力，为他们的职业生涯奠定基础。

（4）鼓励大学生参加社会实践和志愿服务，锻炼他们的综合素质，提升就业竞争力。

（5）建立健全的大学生就业指导体系，为大学生提供全方位的就业服务和指导。

总之，积极暗示法作为一种有效的心理调适方法，在大学生就业指导中具有广阔的应用前景。通过充分发挥其作用，大学生能更好地实现个人职业发展目标，为社会发展贡献力量。

第三节 开展大学生职业生涯规划教育

"凡事预则立，不预则废。"这句古训深刻揭示了规划与准备的重要性。对于大学生而言，提前做好职业规划不仅能够帮助他们明确自己的职业方向，还能够使他们有针对性地积累知识和技能，为未来的职业发展打下坚实的基础。因此，高校开展大学生开展职业生涯规划教育课程的必要性显而易见。

大学生职业生涯规划是指大学生在学习和生活中打下良好职业基本素质的状态下，通过客观地认识自我、全面地考察社会，并将二者有机结合起来，对自己未来的职业进行科学规划设计。这个过程包括明确自己的奋斗目标，并围绕这个规划进一步编制今后的学习、培训及职业发展过程中的每一个阶段行动计划，使自己的职业生活有筹划、有步骤地进行。

目前，自治区内高校的职业生涯教育还有待完善，大学生在确定自己的职业目标、规划自身的职业生涯问题上感到困惑。这种困惑不仅影响了大学生在校期间的学习动力和方向，也可能对他们的未来职业发展产生负面影响。因此，我们需要重视职业生涯规划教育，帮助大学生走出迷茫，找到适合自己的职业道路。

大学生职业生涯规划教育应该贯穿于大学生生活和学习的全过程，但不同年级的学生所处的学习阶段、面临的学习任务以及需要积累的知识和技能各不相同。因此，教育者在实施职业生涯规划教育时，应遵循大学生成长规律，分阶段、分层次地进行。

大学一年级为探索期。在这个阶段，应主要培养学生的专业兴趣和职业素养，帮助他们进行自我评估，了解自己的优势和不足。同时，还应引导学生关注行业信息，了解未来的职业发展趋势。具体做法包括：

自我评估：通过心理测试、自我反思等方式，帮助学生了解自己的性格、兴趣、能力和价值观。

职业目标：在了解自我和行业的基础上，引导学生初步设定职业目标。

制订计划：根据职业目标，制订短期和长期的学习计划。

挖掘自己的潜能：通过参加实践活动、竞赛等方式，挖掘和培养自己的潜能。

掌握行业信息：通过讲座、研讨会等方式，了解行业的发展趋势和前景。

增强自己的竞争力：通过学习专业知识和技能，提高自己的综合素质和竞争力。

实现职业规划：将所学知识和技能应用于实践，为未来的职业发展打下基础。

持续自我评估和调整：在学习过程中不断进行自我评估和调整，确保职业规划的顺利进行。

大学二年级为定向期，在这一阶段，大学生主要对自己之后的职业方向有一个初步的定位。在这个阶段，大学生经过了一年的大学学习与生活，开始对自己的专业有了更深的了解，也逐渐接触到社会的各种职业信息。教育者应着重帮助大学生梳理所学的知识和技能，了解自己在各个职业方向上的优、劣势，形成初步的职业意向和规划。具体做法包括：

加强专业知识的学习：鼓励学生深入学习专业知识，通过课程学习、参与实践项目等方式，增强对专业知识的理解和掌握。

职业信息的收集与分析：指导学生收集相关职业信息，包括行业发展趋势、职业要求、薪资待遇等，帮助学生了解不同职业的特点和要求。

自我评估与职业匹配：引导学生进行自我评估，了解自己的兴趣、能力、价值观等，并结合职业信息，进行初步的职业匹配。

职业导师的引导与咨询：邀请行业内的专家或校友作为职业导师，为大学生提供职业咨询和指导，帮助大学生明确职业方向。

参与和体验实践活动：鼓励学生参加实习、志愿服务、社团活动等实践活动，亲身体验不同职业的工作环境和工作内容，进一步了解职业特点。

通过这样的定向期教育，大学生可以初步确定自己的职业方向，为后续的职业生涯规划打下坚实的基础。同时，教育者也应关注大学生的学习和生活情况，及时给予指导和帮助，确保学生能够在正确的道路上稳步前行。

到了大学三年级，即冲刺期，教育者应当指导大学生围绕自己确定的职业方向进行相关的实践锻炼。具体做法包括：

专业实习的深化：鼓励大学生根据自己的职业方向选择相应的实习岗位，通过实习深入了解行业运作、职业要求和工作内容，积累实践经验。

项目实践的参与：鼓励大学生参加与自己职业方向相关的学术或实践活动，如科研项目、创新创业项目等，培养解决问题的能力和团队协作精神。

职业导师的深入指导：为大学生提供与职业方向相关的导师资源，让大学生能够得到更具体、更深入的指导和建议。

职业技能的培训：根据职业方向的需求，为大学生提供相应的职业技能培训，如沟通技巧、团队协作、领导力等，提升大学生的职业竞争力。

模拟面试与职业体验：组织模拟面试和职业体验活动，让大学生提前了解面试流程和职业环境，增强求职信心和适应能力。

通过大学三年级的冲刺期教育，大学生能够在实践中深化对职业方向的理解，积累实践经验，提升自己的职业竞争力，为未来的职业发展做好充分准备。同时，教育者也应持续关注大学生的成长和发展，为他们提供必要的支持和帮助。

大学四年级是学生职业生涯的分化期，大部分学生对自己的未来已经有了较为明确的规划。此时，职业生涯规划教育的目标应锁定为寻找工作和成功就业上。具体策略如下：

职业信息的收集和整理：教育者应指导学生关注行业动态和就业市场，收集与自己职业方向相关的招聘信息，了解职业要求和发展趋势。同时，帮助大学生整理自己的简历和求职信,确保它们能够突出自己的优势和特点。

模拟面试和求职技巧培训:组织模拟面试活动,让大学生提前了解面试流程和注意事项。同时,为大学生提供求职技巧培训,如面试礼仪、沟通技巧、自我展示等,帮助大学生提升面试表现。

参加招聘会和校园宣讲会:鼓励大学生积极参加各种招聘会和校园宣讲会,了解企业招聘流程和职位要求。此外,学校可与企业和用人单位建立联系,为大学生提供实习和就业机会。

实习经验的总结和提炼:对于已经有过实习经验的大学生,应指导他们总结和提炼实习经验,将实习中获得的技能和经验转化为求职的优势。同时,鼓励大学生继续寻找与职业方向相关的实习机会,为未来的就业做好准备。

心理调适和职业规划的持续关注:在求职过程中,大学生可能会遇到各种挫折和困难。教育者应关注大学生的心理状态,提供必要的心理支持和帮助。同时,持续关注大学生的职业规划进展,为他们提供必要的指导和建议。具体来看,就是要完善就业心理辅导工作。就业心理辅导是为求职过程中出现心理困扰的大学生提供心理咨询服务的活动。

完善大学生就业心理辅导工作,首先要优化心理教育资源。心理辅导工作做的是关于人的思想和心理的工作,这项工作要求从业人员必须具备较高的职业素养和职业能力。专业的心理辅导队伍是确保就业心理辅导工作发挥实效的基础和保障,在教师队伍建设实践中一方面可以通过引进一批具有心理学专业背景的教师来提升高校心理辅导队伍水平;另一方面可以在专业指导老师的带领下从心理学或者教育学队伍中选取教师自行培养一批心理辅导工作人员,充实教师队伍,为广大学生提供全面的服务。其次要拓宽心理辅导的渠道。引入各种辅导形式,除了借助学校心理咨询中心这一载体对毕业生展开心理辅导,还可以利用信息技术和网络进行辅导。例如可以在校园网开辟就业心理健康辅导专栏,配备专业的指导老师解惑答疑,网上问答的形式更易于被大学生接受,同时有相同心理压力问题的大学生还可以一起探讨,避免产生孤单感和自卑感。这种网络化的辅导形式能够最大限度消除毕业生在进行心理求助时产生的顾虑,更贴近大学生的真实心理,可以为心理压力的消除提供便利。在一线工作的大学辅导员应勇于承担为大学生提供就业心理辅导的责任,平时要多和学生接触,多聊天,掌握大学生的基本情况,做到及早发现问题、及时解决问题。

第四节 开展"双创"教育

在当今社会,自主创业已经成为缓解大学生就业压力的一种途径。一直以来,党和政府高度重视大学生自主创业工作,一系列优惠政策相继出台,旨在为大学生创造一个有利的创业环境。这些政策涉及税收减免、创业资金支持、创业培训等多个方面,为大学生创业提供了有力保障。与此同时,社会也在积极为大学生创造有利的创业环境。企业、高校、科研机构等多方力量共同参与,为大学生提供了丰富的创业资源和平台。

在这样的背景下,高校在教学中应主动开展创业教育。高校应将创业教育与就业教育相结合,注重培养学生的创新意识和创业能力。具体来说,自治区高校可以在以下几个方面进行改革和创新:

(1)课程设置。高校应开设创业基础课程,让学生了解创业的基本知识和技能。同时,结合专业特点,开设相关的创业课程,培养学生专业背景下的创业能力。

(2)实践教学。高校应加大实践教学力度,组织学生参加创业计划大赛、创业实践情景模拟等活动。这些活动既能锻炼学生的实践能力,也能激发他们的创新意识。

(3)创业指导。高校应设立创业指导机构,为大学生提供创业政策咨询、创业项目评估、创业资金申请等服务。同时,邀请成功创业者、企业家等为学生传授创业经验,助力大学生顺利创业。

(4)创业氛围。高校应营造浓厚的创业氛围,鼓励大学生敢于创新、勇于实践。通过举办创业讲座、创业沙龙等活动,让大学生在轻松愉快的氛围中感受创业的魅力。

在这个过程中,大学生应认识到,创业不仅能帮助自己成长、成才,还可以拓宽就业渠道,增加社会就业岗位,实现就业渠道的多元化。

为了培养大学生的创业能力和创业素质,高校可以采取以下措施:通过举办创业计划大赛,激发大学生的创新意识,培养他们的团队协作能力和项目管理能力;组织大学生进行创业实践情景模拟,让他们在模拟的创业环境中体验创业过程,提高创业能力;设立创业导师制度,邀请成功创业者、企业家等担任导师,为大学生提供创业指导和支持;加大创业培训力度,通过开设创业培训课程、组织创业实践活动等方式,提高大学生的创业素质。

总之,自主创业对于缓解当前大学生就业心理压力具有积极作用。高校应积极开展创业教育,培养大学生的创业意识和能力。通过一系列改革和创新,让大学生在创业的道路上越走越远,为实现我国经济社会的高质量发展贡献力量。

第五节　加强毕业生就业技能培训

就业技能高低关系大学生求职成功与否,当前就业市场竞争激烈,熟练掌握就业技能是其迅速、顺利就业的重要保障。高校在设置就业指导课的内容时应注重对求职基本技能的训练。

第一,准备求职资料。主要指求职自荐书和个人简历两项内容。自荐书是毕业生向用人单位展现自我，进行个人推荐的书面材料，它向用人单位表明了求职者的态度；个人简历是求职者对自己过往的生活、学习、工作、经历的文字记述，是用人单位了解求职者个人资料以及是否合适本工作岗位的主要媒介，这两项书面材料是毕业生求职材料中至为关键的内容，其写作水平高低、质量好坏直接影响毕业生能否获得就业机会。高校就业指导课中要适时向毕业生讲授自荐书和个人简历的撰写格式、内容安排、注意事项等知识，指导大学生写出一份满意的求职信和个人简历，给用人单位留下好的印象，帮助大学生争取更多的求职机会。

第二，掌握应聘和面试技巧。目前大学生主要通过参加招聘会和网上招聘的形式进行择业，因此，有必要向大学生传授一些参加招聘会的注意事项，防止其上当受骗。面试是求职中必经的环节，也是取得求职成功的关键，了解面试、掌握面试的技巧是大学生成功获得职位所必不可少的。面试技巧主要包括面试前的准备、面试的种类、面试的程序、面试的礼仪、面试的语言技巧和消除紧张的技巧等相关内容。

第六节　重视家庭教育

父母是孩子的第一任老师，在子女的成长与成才问题上，一直以来都倾注了较大的心血，要解决大学生就业心理压力问题，家庭教育的重要性不容忽视。

一、父母转变就业观念

父母的就业观念对子女的就业具有潜移默化的影响，当前形势下转变大学生就业观念，首先应该从父母开始。随着毕业生人数的增多，毕业生就业政策也转变为自主择业，公平竞争，父母应改变传统思维和传统就业观念的束缚，放弃"等、靠、分"的思想，主动帮助子女收集就业信息，了解当前就业形势和就业政策，鼓励子女积极参与市场竞争，寻找工作机会。在择业地点、行业性质等方面也应抛弃以往的旧思想观念，鼓励孩子到基层就业和开展自主创业活动，树立职业流动的观念。父母就业观念的转变有助于大学生树立正确的择业观，对缓解大学生的就业心理压力也有积极意义。

二、父母降低对子女就业的高期望值

"期望值是个人愿望与社会需要的比值"，父母对子女的期望值越高给子女带来的心理压力就会越大。家长们应该正确认识大学生就业，抛开虚荣心理，引导孩子树立正确的择业观念。既要看到市场经济条件下就业市场的繁荣，鼓励子女不要固守"铁饭碗"的思想，积极主动寻找灵活的就业岗位，也要实事求是地评估孩子的能力和素质，不要过分夸大子女的实际能力，对子女提出一些实际不符的要求，给子女增添不必要的心理压力。

三、营造和谐的家庭环境

每个人都生活在既定的环境之中，人和外部环境形成了一个相互作用、相互影响的系统，在大学生心理压力缓解过程中，家庭环境的作用不容忽视，家长应尽可能有意识地营造良好的家庭氛围，帮助大学生养成健康的就业心态。日常生活中，家长应该尊重子女的兴趣、爱好和个性特点，不过多干涉子女的人生决定，反映在就业问题上，就是要把择业的主动权还给子女，让他们可以自由地选择自己喜欢的职业。在择业目标、择业地点等问题上充分尊重子女的想法，坚决杜绝"一手包办"的观念，为他们营造一种轻松和谐的家庭氛围，避免对其施加压力。同时，家长可以积极关注相关就业政策，在子女就业问题上提供指导性意见，鼓励他们去基层做出贡献，磨炼意志。

参考文献

[1] 吕曦红. 在校大学生压力及压力缓解问题研究[D]. 长春：长春理工大学，2013.

[2] 王秀娟. 内蒙古地区高校学生就业观问题研究[D]. 呼和浩特：内蒙古师范大学，2014.

[3] 李颖. 新时代大学生就业观研究[D]. 保定：河北大学，2021.

[4] 易丽. 大学生积极就业心理研究[D]. 锦州：渤海大学，2018.

[5] 书勤古巴特尔. 蒙古族大学生就业心理困境的社会工作介入[D]. 呼和浩特：内蒙古师范大学，2016.

[6] 马书华. 新形势下大学生就业心理问题及调适研究[D]. 包头：内蒙古科技大学，2014.

[7] 孙莉. 当代大学生就业心理研究[D]. 沈阳：沈阳航空航天大学，2012.

[8] 梁若冰. 系统哲学视域下内蒙古自治区大学生创业政策体系研究[D]. 呼和浩特：内蒙古大学，2021.

[9] 常蕾. 内蒙古大学生社会保障问题研究[D]. 呼和浩特：内蒙古农业大学，2020.

[10] 黄瑞生. 内蒙古准格尔旗大学生就业问题研究[D]. 呼和浩特：内蒙古农业大学，2018.

[11] 刘彦君. 内蒙古大学生就业政策研究[D]. 呼和浩特：内蒙古农业大学，2017.

[12] 马晓萌. 内蒙古独立学院大学生就业问题研究[D]. 呼和浩特：内蒙古师范大学，2016.

[13] 白云.大学生就业现状及对策研究[D].呼和浩特：内蒙古农业大学，2014.

[14] 苏敏.内蒙古地区大学生就业能力存在的问题及提升途径的研究[D].呼和浩特：内蒙古大学，2014.

[15] 高丽贤.呼和浩特市大学生就业服务质量提升研究[D].重庆：西南大学，2020.

[16] 连溪.内蒙古地区大学生创业支持体系的现状调查及改进策略研究[D].北京：中央民族大学，2017.

[17] 董明慧.内蒙古地区大学生基层就业政策实施研究[D].呼和浩特：内蒙古大学，2016.

[18] 张英莲.贫困大学生就业与社会支持研究[D].呼和浩特：内蒙古师范大学，2014.

[19] 谷岩.当代大学生就业心理问题研究[D].锦州：辽宁工业大学，2015.

[20] 刘甜甜.大学生就业心理压力研究[D].沈阳：辽宁大学，2012.

[21] 郝琳琳.新形势下大学生就业心理压力分析及对策研究[J].公关世界，2022（18）：47-48.

[22] 顾嘉旭.地方高校大学毕业生就业心理压力与社会支持的关系研究[J].智库时代，2020（10）：103-104.

[23] 周健，白科，王营营.内蒙古自治区经济发展与就业关系研究[J].边疆经济与文化，2022（1）：31-37.

[24] 张博.少数民族大学生就业现状调查研究——以内蒙古自治区高校少数民族大学生为例[J].民族高等教育研究，2022，10（2）：80-87.

[25] 白乌妮尔.内蒙古高校毕业生就业服务研究[D].呼和浩特：内蒙古大学，2021.

[26] 周倩.新世纪以来我国大学生就业问题研究[D].济南：齐鲁工业大学，2020.

[27] 陈天丽.当代大学生就业心理压力及心理疏导方法研究[J].教育教

学论坛，2017（20）：29-30.

[28] 杨有景. 大学生就业压力对择业取向的影响及对策研究 [D]. 桂林：广西师范大学，2018.

[29] 丽红. 蒙语授课大学生就业压力及其对策研究 [D]. 呼和浩特：内蒙古农业大学，2013.

[30] 赵小芳. 大学生的就业压力、情绪智力与心理健康的关系及干预研究 [D]. 西宁：青海师范大学，2022.

[31] 贾友军，綦群高. 美国政府、社会与学校在解决大学生就业中的角色定位与借鉴 [J]. 中国大学生就业，2006（6）：58-59.

[32] 陈瑞武，曲铁华. 日本大学生就业管理体制和职业指导现状及启示 [J]. 中国高教研究，2005（1）：48-51.

[33] 辛向阳. 西方学者关于政府职能的主要理论 [J]. 国外社会科学，1995（1）：69-73.

[34] 张建军. 基于劳动力市场分割理论透视大学生就业市场 [J]. 思想理论教育，2007（5）：72-76.

[35] 张朝然. 德国大学生就业指导研究及启示 [J]. 牡丹江教育学院学报，2007（3）：76-77.

[36] 张存贵. 新形势下高校就业指导工作体系建设 [J]. 职业技术教育，2007，28（26）：90-91.

[37] 孙长缨，当代大学生就业研究 [M]. 北京：高等教育出版社，2008.

[38] 格罗弗·斯塔林，公共部门管理 [M]. 上海：上海译文出版社，2003.

[39] 欧文·E. 休斯. 公共管理理论 [M]. 北京：中国人民大学出版社，2001.

[40] 刘文. 高等教育投资与毕业生供求研究 [M]. 北京：中国经济出版社，2006.

[41] 马于军，大学生就业问题研究 [M]. 长沙：湖南人民出版社，2007.

[42] 叶金福，高等教育改革与创新 [M]. 西安：西北工业大学出版社，

2004.

[43] 黄敬宝.就业能力与大学生就业：人力资本理论的视角[M].北京：经济管理出版社，2007.

[44] 纳依曼.世界高等教育的探讨[M].北京：教育科学出版社，1982：83-84.

[45] 曾湘泉.变革中的就业环境与中国大学生就业[J].经济研究，2004（6）：87-95.

[46] 夏支平,对当前大学生就业问题的深层次思考[J].现代教育科学，2007（7）：1-4,8.

[47] 黄丽娟.大学生就业中的政府责任[J].南通职业大学学报（综合版），2006（2）：24-27.

[48] 李建成，张志业，郝惠君.当前大学生就业形势分析和对策研究[J].河北科技大学学报（社会科学版），2008（3）：100-103.

[49] 郑惠强.大学生就业：政府应该更有作为[J].群言，2007（11）：35-36.

[50] 谢作诗，杨克瑞.大学生就业难问题探析[J].教育研究，2007（4）：45-48.

[51] 周庆行，王洪增.论现代政府责任[J].南都学坛，2006（1）：117-120.

[52] 张成福.责任政府论[J].中国人民大学学报，2000（2）：75-82.

[53] 王军.国外大学生就业促进手段对我国的启示[J].黑河学刊，2005（3）：48-51.

[54] 牛娜娜.政府责任缺失的制度分析[J].理论界，2005（11）：12-14.

[55] 唐国林.责任政府的责任设定原则[J].湖南商学院学报，2003（2）：108-110.

[56] 郭石明.日德法三国政府促进大学生就业政策措施评述[J].广东工业大学学报（社会科学版），2004（2）：86-89.

[57] 楚红丽.公立高校与政府、个人委托代理关系及其问题分析[J].高等教育研究，2004（1）：43-46.

[58] 姚裕群. 论我国的就业政策与大学生就业问题 [J]. 人口学刊，2004（4）: 8-11.

[59] 杨德广. 中国大学毕业生就业制度变迁分析 [J]. 当代青年研究，1997（Z1）: 8-10.

[60] 蒋劲松，责任政府新论 [M]. 北京：社会科学文献出版社，2005.

附录　内蒙古地区大学生就业政策研究调查问卷

亲爱的同学：

您好！感谢您在百忙之中协助我们完成此次问卷调查，本次调查旨在了解当前内蒙古地区大学生就业的有关问题。本次调查不记姓名，我们向您保证，您的任何回答仅为调查研究所用，绝不会涉及个人信息的披露，请您放心填写。这些问题没有对错之分，所以，请您根据实际情况如实回答。

一、个人基本情况

1. 性别（　　）

A. 男　　　　　　　B. 女

2. 民族（　　）

A. 汉族　　　　　　B. 蒙古族　　　　　　C. 其他少数民族

3. 您所在的学校性质是（　　）

A. 211 院校　　　　　　　　B. 省部共建院校

C. 普通二本院校　　　　　　D. 专科院校升级本科院校

二、具体调查内容

1. 您认为内蒙古地区大学生是否存在就业难问题（　　）

A. 存在　　　　B. 不存在

2. 对下列影响大学生就业主体重要程度进行排序：（　　）

A. 政府　　　B. 高校　　　C. 企业　　　D. 家庭　　　E. 学生自身

3. 您对现有扶持大学生就业政策是否了解？（　　）

A. 了解　　　　　B. 不了解　　　　　C. 一般了解

4. 您一般从哪些渠道获取相关政策内容？（多选）（　　）

A. 校园或其他网站　　　B. 课堂　　　C. 校园信息栏

D. 宣传手册　　　E. 座谈会　　　F. QQ群、微博、微信等

G. 其他

5. 您觉得自治区促进大学生就业政策对你在就业上有多大的正面影响（受到帮助和获得好处）？（　　）

A. 很大　　　　　B. 一般　　　　　C. 几乎没有

6. 您是通过哪种渠道实现就业的？（　　）

A. 去单位应聘或考试　　　　　B. 人才招聘会

C. 就业服务中介机构　　　　　D. 家人、朋友或学校介绍

7. 您认为以下的宏观制度（政策），对大学生就业影响较大的是（可多选并排序）（　　）

A. 户籍制度　　　　　B. 社会保障制度

C. 产业政策　　　　　D. 城乡统筹政策等

E. 财政政策（如财政专项资金等）

F. 税收减免政策（如对中小企业增加就业等）

G. 金融政策（如增加中小企业融资渠道鼓励创业的信贷扶持等）

H. 其他

排序：（　　）

8. 您关注以下哪些基层就业及特殊就业项目？（多选）（　　）

A. "三支一扶"计划　　　　　B. 大学生志愿服务西部计划

C. 大学生村官　　　　　D. 毕业生入伍服兵役

E. 农村教师特岗计划　　　　　F. 社区民生志愿工作

9. 您对以上创造就业岗位的项目的了解程度如何？（　　）

A. 非常了解　　　　　B. 比较了解　　　　　C. 不了解

10. 您是否愿意参加问题 8 中的任何一项计划？（　　）

A. 是　　　　　B. 否

11. 您的首选就业单位和实际就业单位是：

单位类型	首选就业单位	实际就业单位
政府机关及事业单位		
国有企业		
外资/合资企业		
大型私企		
中小微型私企		

12. 目前您最需要哪些方面的就业服务？（多选）（　　）

A. 就业援助　　　　　B. 毕业生见习　　　　　C. 劳动保障事务代理

D. 职业技能培训　　　E. 职业介绍与指导　　　F. 就业政策咨询

13. 您对自治区现有就业公共服务的满意度：

公共服务名称	满意	不满意
就业政策咨询		
职业介绍与指导		
职业技能培训		
毕业生见习		
就业援助		
劳动保障事务代理		

14. 目前您最需要哪些方面的就业指导（多选）？（　　）

A. 就业政策介绍　　　B. 就业辅导　　　　　C. 就业培训

D. 就业信息发布　　　E. 其他

15. 您对自治区现有就业指导服务的满意度：

就业指导服务类型	满意	一般	不满意
就业信息发布			
就业辅导			
就业指导课程			
就业培训			
其他			

16. 大学生自主创业对促进大学生就业的有效性（　　）

A. 有效　　　　　　　B. 无效　　　　　　　C. 一般

三、访谈提纲

1. 您对国家扶植大学生就业的相关政策了解吗？

2. 您认为国家出台的促进大学生就业的相关政策的落实情况如何？

3. 您认为促进大学生就业的相关政策在落实过程中是否存在障碍？

4. 您觉得高校大学生对职业生涯和就业指导课满意度如何？

5. 您认为与汉语授课学生相比较，蒙语授课学生就业最大的优势和障碍分别是什么？

6. 您是否有意愿参加基层就业项目和特殊就业项目？

感谢您的作答，祝您早日找到心仪的工作，同学加油！